한국기독고유적지 137 가이드 북

信行 旅行

신행
여행

이·성·필·목·사·와·함·께·떠·나·는·성·지·순·례

한국기독교 유적지 137 가이드북

신 행 여 행

초판 1쇄 인쇄 2008년 6월 25일
초판 1쇄 발행 2008년 6월 30일

저 자 이 성 필
발행인 이 명 수
발행처 도서출판 세줄 (등록번호 2-4000)
      서울시 중구 인현동 1가 111-6

가격 15,000 원

ISBN 978-89-92211-11-6 03230

신행(信行) 여행이란, 믿음으로 떠나는 여행입니다.

국내 기독교 유적지 137 분포도

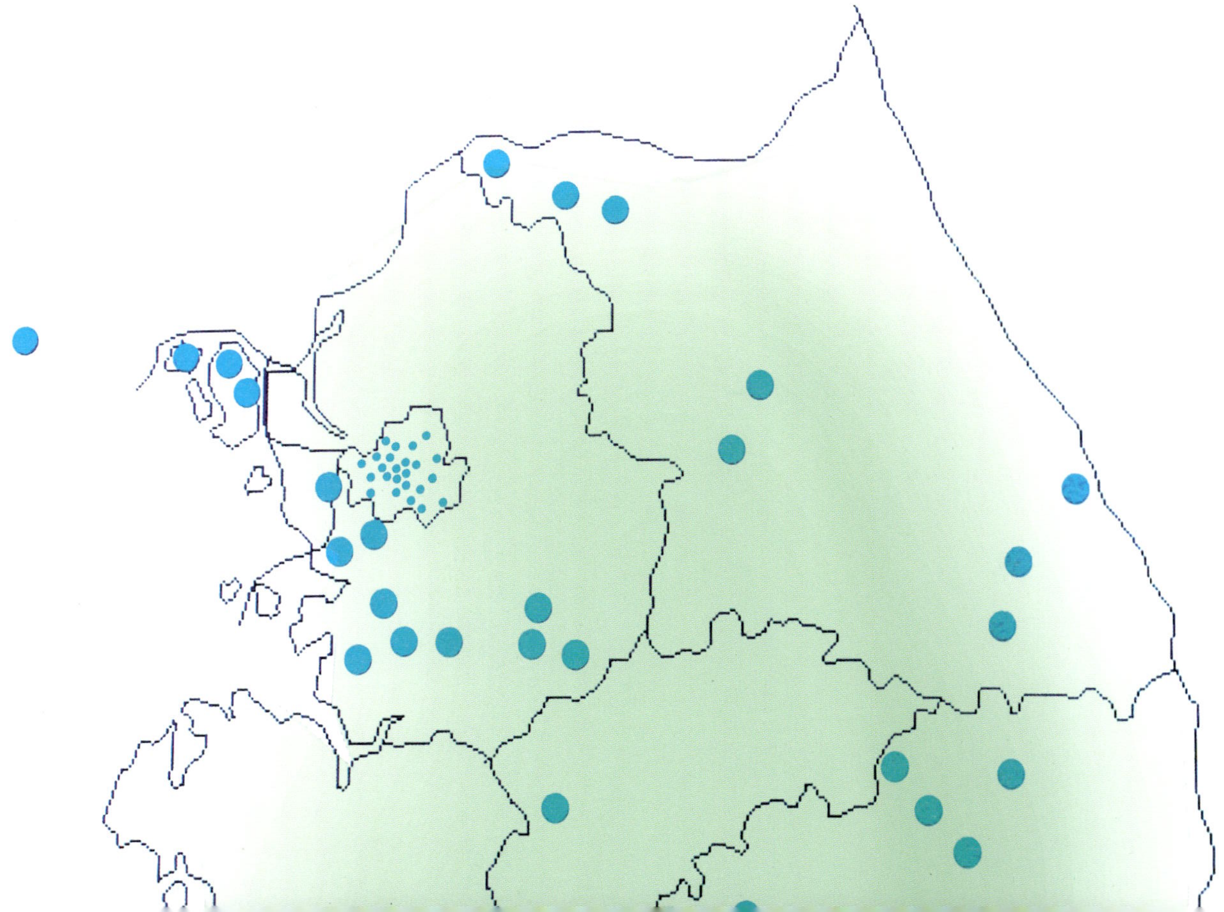

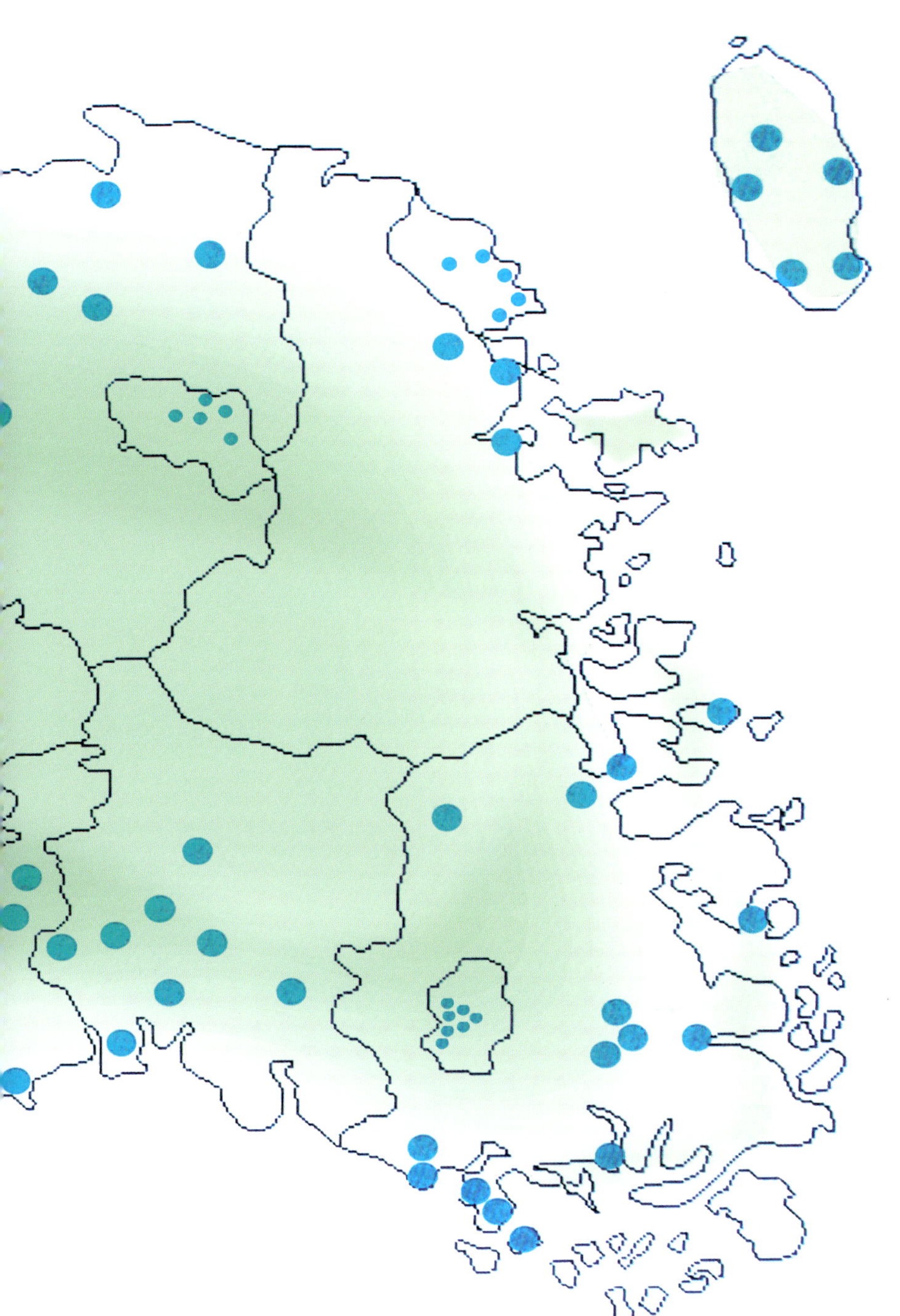

네가 무엇을 보느냐

역사 탐험가 이성필 목사, 그는 항구에 정박해 있는 배가 아니다. 그는 끊임없이 항해하는 선박이다. 오늘도 그의 탐험의 항해는 파도를 가르고 앞으로 나아가고 있다.

이 땅의 기독교 선교문화 유산을 찾아 나선 그의 탐방은 멀티 컬처의 차원으로 우리를 초대하고 있다. 기독교 유적지 150여 군데의 현장사진과 그 배경 이야기 그리고 찾아가는 길 안내, 생각하기 코너 등은 단순한 사진집의 기능을 뛰어넘는 입체적 문화유산 답사기이다.

그의 카메라 앵글을 따라가며 그의 진솔한 설명을 듣노라면 높은 역사 인식과 건축 미학의 역사와 그 예술성의 황홀경에 빠지게 된다. 순교성지, 선교기념과 역사박물관 등과 기독교 문화유산의 향기가 깃든 교회들의 외형과 내부의 모습을 조화롭게 보여 주는 이 책은 이름 그대로 한국기독교성지순례 가이드북이다.

저자 이성필 목사는 사진예술가이다. 그를 단순한 사진작가의 범주에 제한하는 것은 잘못이다. 그의 사물을 보는 시각은 어제와 오늘 그리고 미래의 통찰을 한 프레임에 갈무리하는 데 있다. 그리고 그 고정시킨 공간에서 생명의 말씀을 창출하는 데 탁월하다. 그래서 그의 작품은 살아 있는 시청각적 메시지이다.

선견자 예레미야는 살구나무 가지를 바라보고 있었다. 그리고 북으로부터 기울어진 끓는 기름가마를 바라보고 있었다. 하나님께서 물으셨다.

"네가 무엇을 보느냐?"

예레미야는 본 것을 아뢰었다. 하나님께서 그에게 말씀하셨다.

"네가 잘 보았도다. 이는 내 말을 그대로 이루려 함이다. 재앙이 북방에서 일어나리라."

예레미야에게 말씀하셨던 하나님께서는 오늘 우리에게 다시 물으신다.

"네가 무엇을 보느냐?"

이 물음 앞에 우리는 이 땅의 기독교 문화와 선교의 유적지를 친절한 가이드 이성필 목사와 함께 떠나자.

마침내 잃어버린 처음 사랑을 찾아서 대탐험의 닻을 들자.

2008년 6월 10일

박 종 구 | 월간목회 발행인

+ + +

한국기독교역사문화를 체험할 수 있는 좋은 자료

금번 이성필 목사가 직접 발로 뛰면서 촬영 했던 한국기독교유적지를 한눈으로 볼 수 있는 책을 출간하는 일에 마음 속 깊이 감사를 드린다. 나는 일찍이 한국기독교성지순례선교회를 조직하여 국내외 기독교 유적지를 발굴하고 여기에 전문위원들과 함께 일본, 중국에 있는 기독교 유적지를 직접 탐사를 했던 일이 있었다. 이럴 때 마다 이성필 목사는 사진작가답게 렌즈를 맞추어 아름다운 사진을 전문위원들에게 배포도 하고, 또 우리 성지순례선교회 전문위원들의 연구논문집을 매년 1회씩 발간하게 되면 의뢰, 거기에는 이성필 목사의 사진이 우리들의 마음을 감동 시킬 뿐만 아니라 모든 독자들에게 까지 큰 감동을 주었던 일이 한 두 번이 아니었다.

역시 이번에 발간하는 이 책도 마찬가지로 생각된다. 이성필 목사는 이 책을 출간하기 위해서 직접 카메라를 매고 강원도 철원에 있는 당시 38선 이북에 자리 잡고 있던 노동당 당사를 비롯해서 철원감리교회의 파괴된 모습을 그대로 담았다. 여기에 호반의 도시로 널리 알려져 있는 춘천에서 가장 역사가 깊은 춘천감리교회의 역사를 한 눈에 볼 수 있도록 사진을 잘 배열 해놓았다. 강원도에 빼 놓을 수 없는 남궁억 유적지를 생동감 있게 사진을 잘 배열해 놓았다. 남궁억하면 찬송가 가사에 있는 "삼천리 반도 금수강산 하나님이 주신 동산"을 직접 작사했던 가사이다. 이곳에서 이 찬송가를 부르게 되면 어느덧 남궁억 장로가 우리 곁에 서 있는 느낌을 줄 수 있도록 잘 묘사해 놓았다.

다시 강조를 하지만 강원도 철원뿐 아니라. 경기도, 충청도, 경상도, 전라도, 심지어 제주도까지 직접 현장을 체험하면서 꾸민 책이기에 더욱 값진 것이라고 생각된다. 더욱이 이 책은 어디든 찾아 갈 수 있도록 안내와 함께 지도가 있는 것이 특색이라 할 수 있다. 여하간 이 책은 한국기독교역사문화를 체험할 수 있는 좋은 자료라고 생각되어 이 책을 추천하는 바이다.

2008년 6월 10일
박 경 진 | 한국기독교성지순례선교회 회장,
기독교대한 감리회 전국장로회 연합회 회장

+ + +

살아 있는 역사의 재조명을 위해

나는 한국교회 사학자로서 많은 역사서를 저술하였지만 이렇게 아름다운 책을 감수 해달라는 부탁을 받고 기쁜 마음으로 이 책을 사진과 함께 글 내용을 다 읽어 보았다. 이 책의 내용은 교회사가가 아닌 사진작가이면서 목회자인 이성필 목사의 실력을 다시 한번 평가 할 수 있는 좋은 기회가 되었다. 이 책 한 권 이면 한국기독교역사를 한 눈에 볼 수 있는 좋은 책이다, 특별히 사진작가로서 직접 카메라를 매고 발로 뛰었을 뿐 만 아니라 현장 하나 하나의 역사를 너무나 정확하게 기술했다는 데 놀라지 않을 수 없다.

나는 이 책을 감수하면서 책의 목차를 보면 한국의 기독교의 중심지인 종로 5가로부터 출발하여 전국으로 확산해 갔다는 데 의미가 있다. 이성필 목사는 장로교 목사이면서도 교파 의식을 하지 않고 감리교회의 성지쪽이나, 구세군, 성공회, 성결교회의 역사를 잘 정리하였다.

이 책을 한 번 손에 잡게 되면 마치 신들린 사람들처럼 읽을 수 있고 볼 수 있는 장면이 곳곳에 있다. 특별히 이 책 내용 중 양화진의 선교사 묘지를 하나씩 찾아 읽어 가면 독자 자신들로 모르게 눈시울이 뜨거워진 곳이 하나 둘이 아니다. 특별히 25세의 처녀로 조선 땅에 와서 복음을 증거하다가 9개월 만에 삶을 마감했던 켄드릭 은 "내게 천의 생명이 있어도 나는 조선을 위해서 바치겠노라" 말에 감동을 받지 않을 수 없다. 우리의 가슴을 찡하게 하는 장면이 너무 많아 어떻게 표면 해야 할지 모르겠다.

그 외에 이성필 목사의 역사의식은 3. 1운동의 현장이나 6. 25전쟁으로 인하여 민족의 수난 속에서도 교회를 지키다가 순교한 그러한 교회까지 찾아 갔다는 데 놀라지 않을 수 없다. 그저 역사만 있다고 하는 곳이면 어디든지 찾아 가서 그 역사를 다시 조명하면서 정리를 하였다. 여기에 제주도의 4. 3사건을 다루면서 4. 3평화공원까지 독자들의 마음 속 깊이 생각 할 수 있는 기회를 마련했다는 데 높이 평가하지 않을 수 없다. 여기에 최남단 제주의 마라도에 있는 그 십자가를 촬영하기 위해서 나선 그의 역사관을 다시 평가하지 않을 수 없다.

2008년 6월 10일

김수진 | 한국기독교성지순례선교회 전문위원장

한국기독교총연합회 기독교문화재발굴보전 본부장

+ + +

신앙의 뿌리를 찾아서

일반적으로 국내 기독교의 시작은 1885년 4월 5일 아펜젤러 목사와 언더우드 목사가 일본을 거쳐 우리나라 인천 제물포에 도착한 사건을 시점으로 삼는다. 그러나 실제적인 기독교의 한국 상륙은 1832년까지 거슬러 올라간다. 할레대학 출신의 독일인 목사인 칼 귀츨라프는 네덜란드선교회 소속 선교사로 1832년 런던선교회의 파송을 받아 중국까지 오게 되었고, 1832년 한국 황해도 장연지역에서 통상을 요구했으며, 그 후 충청도 홍주만의 원산도라는 곳에 닻을 내리고 지방관을 통하여 한국 정부에 통상을 요구했다. 칼 귀츨라프 이후로도 여러 차례 개신교와의 접촉 기회가 있었다.

1866년엔 로버트 토마스 목사님, 1874년경에는 존 로스 목사가 한국의 청년 이응찬을 만나기 시작하면서 이익세, 이성하, 김진기, 백홍준, 서상륜 등과도 접촉이 있었다. 1882년경 로스 목사와 더불어 만주에서 한글성서번역과 출판이 이루어졌고, 1883년경에는 황해도 장연군에 서상륜, 서경조 등에 의하여 '소래교회'가 세워졌다. 소래교회에서 믿게 된 많은 사람들이 언더우드 목사의 세례를 받았으며 점차로 전도, 확산되어 1887년 9월 27일에는 새문안 교회가, 그해 10월 9일에는 정동제일교회가 세워졌다. 그 이후로 한국기독교는 하나님의 은혜와 성령의 역사로 수많은 교회를 통하여 한민족 전체에 제2의 출애굽 사건이라 할 만한 놀라운 역사가 지금까지 진행되어 왔고, 지금은 21세기 세계선교의 사명을 감당코자 발돋움하고 있다. 하지만 지금 우리가 누리고 있는 복음의 은혜는 실로 엄청난 순교의 피로 인한 것임을 잊어서는 안 될 것이며 이 귀중한 흔적들을 뿌리로 하여 땅 끝까지 이르는 선교의 기폭제로 삼아야 한다.

교회마다 세계선교의 기치를 세우고 관습적인 수련회 중심의 여름행사를 세계단기선교로 전환하여 VISION TRIP을 진행해온 지도 꽤나 오래되었다. 하지만 작금에 해외단기선교의 유익성에 대해 의문점들을 던지고 있는 것이 사실이다. 실제적인 복음의 선포라기보다는 단기선교여행의 수준으로 그치는 경우가 많기 때문이다. 나는 세계 선교 현장을 직접 발로 뛰며 렌즈에 담아 오던 작업과 병행하여 수년 전부터 국내 선교지 답사의 작업을 해왔다. 그러던 중 크게 깨달은 것이 있다.

한국교회가 지금까지 명맥을 이어온 것은 상상을 초월한 수많은 순교의 밀알이 있었음에도 그중 대다수의 순교의 역사나 유적지가 묻혀 있거나 사라져가고 있으며 여타 종교에 비하여 기독교 유적지 개발 작업이 너무도 초라하다는 사실에 아쉬움을 금할 길이 없었다.

"역사를 되살리는 것은 과거를 회상하기 위해서가 아니라 미래를 개척하기 위함이라"

우리는 어언 기독교 선교 120주년을 목전에 두고 있다.
정체를 넘어 퇴보의 일로를 걷고 있는 한국교회를 바라보며 한국기독교의 미래를 위해서는 해외선교여행도 중요하지만 우리의 신앙의 뿌리를 찾아가는 작업이 중요함을 알아 미력하나마 그 작업에 일조하고자 하는 마음을 가지고 개신교 선교의 발자취와 더불어 국내성지순례를 위한 가이드북을 생각하게 되었다.

한국 기독교의 선교 발자취를 좇아 순교지와 오래된 유적지, 기념비적인 성지를 중심으로 렌즈에 담되 전국을 각 지역별로 나누어 작업을 하였다. 이 책은 단순한 서책이 아니라 사진으로 보는 한국교회사 자체이기도 하다.

이 책을 통하여 우리의 신앙의 뿌리를 찾아 가는 국내신앙여행의 길이 열리기를 바란다. 가족과 함께, 또한 각 교회 교육기관의 행사로, 아울러 성도들의 신앙여행에 큰 도움이 되리라 믿는다.

마지막으로 지금도 사라져가고, 잊혀지고 있는 국내 선교지 발굴과 보존, 전파에 한국교회가 더욱 매진하였으면 하는 소망을 가져 본다.

2008년 6월
2008년 봄 불암산 자락에서
이 성 필 목사

+ + +

차 례

- 추천의 글 | 박종구, 박경진
- 감수자의 변 | 김수진
- 저자 서문 | 이성필

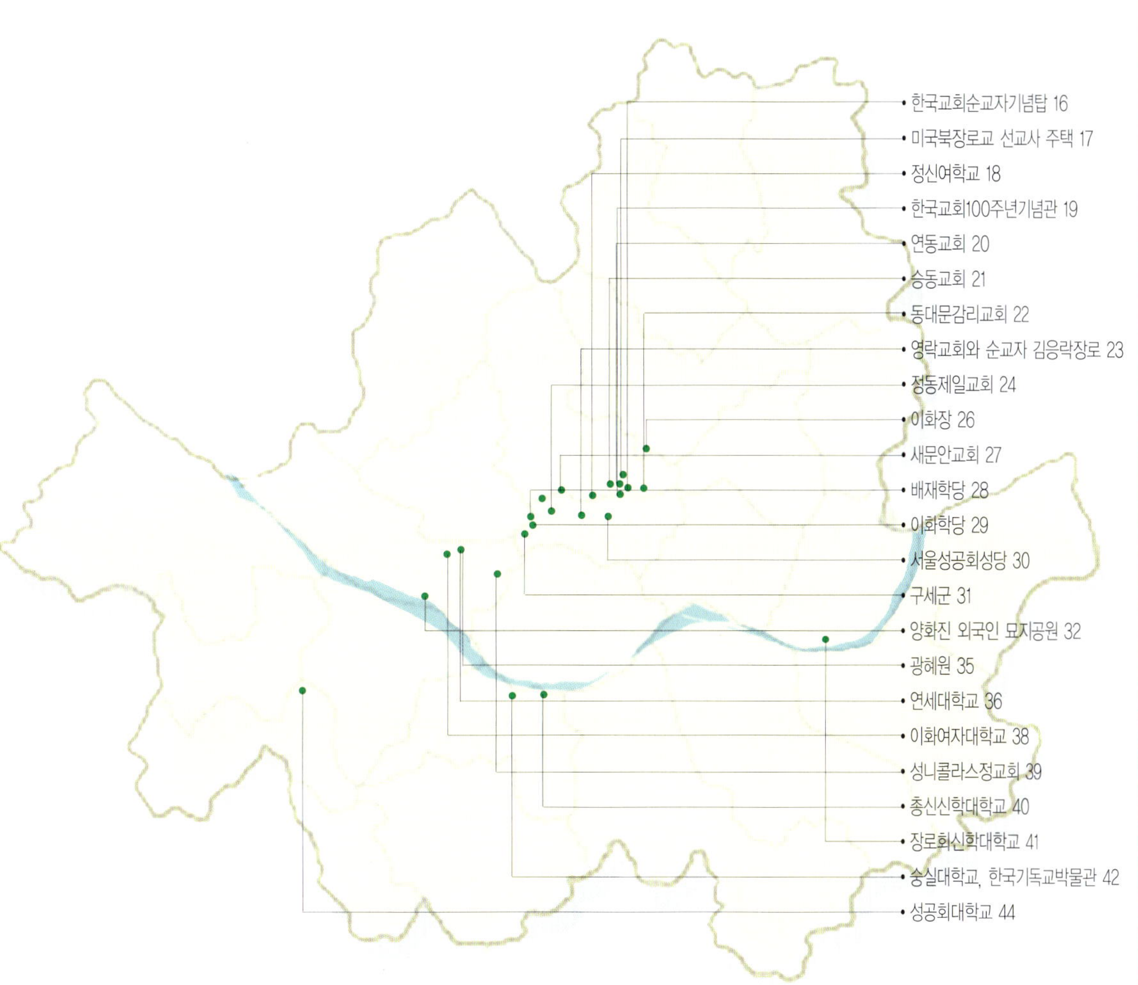

한국교회순교자기념탑 16
미국북장로교 선교사 주택 17
정신여학교 18
한국교회100주년기념관 19
연동교회 20
승동교회 21
동대문감리교회 22
영락교회와 순교자 김응락장로 23
정동제일교회 24
이화장 26
새문안교회 27
배재학당 28
이화학당 29
서울성공회성당 30
구세군 31
양화진 외국인 묘지공원 32
광혜원 35
연세대학교 36
이화여자대학교 38
성니콜라스정교회 39
총신신학대학교 40
장로회신학대학교 41
숭실대학교, 한국기독교박물관 42
성공회대학교 44

한국교회 순교자 기념탑

미국 북장로교 선교사 주택 \ 서울시 종로구 연지동 136-12, 02-763-7244

한국교회100주년기념관이 위치한 연지동에는 미국 북장로교 선교부가 위치하고 있었다. 1895년 이전에는 덕수궁 근처에 있었는데 1895년 이후 덕수궁을 확장하려는 한국 정부의 계획 때문에 정동 선교부를 폐쇄하고 연지동으로 자리를 옮긴 것이다. 연지동에는 연동교회와 경신학교, 정신여학교가 세워졌고 선교사들의 사택도 세워지게 되었다.

지금은 이러한 자취가 많이 사라졌지만 한국100주년기념관 옆 건물은 현재 한국장로교출판사가 사용하고 있는 선교사의 사택이 남아 있어 그나마 위로를 주고 있다.

낡으면 허물어야 하는 것인지 깊이 생각해보야 할 대목이다. 한국교회100주년기념관 근처에 있는 여전도회관 자리에는 경신학교 교장 사택과 미국 남장로교 선교사 사택이 있었다.

찾아가는 길

지하철 1호선을 이용하여 종로5가에서 하차하여 2번 출구로 나가 대학로 방향으로 7분 정도 가면 연동교회를 지나서 찾을 수 있다.

생각하기

1. 한국교회100주년기념관이 자리 잡은 곳에는 본래 어떤 건물들이 있었는지 생각해보자.

2. 한국장로교출판사 건물을 살펴보고 근대건축물을 보존하는 일이 얼마나 중요한 일인지를 생각해보자.

정신여학교는 1887년 6월 미국 북장로교 선교부에서 여학생들을 교육하기 위하여 정동에서 시작되었다. 애니 엘러스(Annie J. Ellers)선교사가 초대 교장에 취임하였다. 연지동으로 학교를 옮긴 것은 1895년 10월이다. 이때 '연동여학교' 라고 불리기도 했는데 1909년부터는 정신여학교로 불리었다. 지금도 연지동에는 정신여학교 본관으로 사용되던 세브란스관이 남아 있다. 그러나 안타깝게도 이 건물은 기독교인이 아닌 사람의 소유로 방치되어 있다. 미국 북장로교 선교부는 남학생을 위해서는 경신학교를, 여학생들을 위해서는 정신여학교를 설립했다. 현재, 강남으로 자리로 옮긴 것은 1978년이다.

찾아가는 길

지하철을 1호선을 이용하여 종로5가에서 하차하여 연동교회를 찾아가면 옛자취를 엿볼 수 있다.

생각하기

1. 여성들을 비하하여 이름도 지어주지 않던 시절에 선교사들은 여성도 배워야 한다고 여학교를 설립했다. 그러한 정신이 지금 우리에게는 어떤 모습으로 나타나야 한다고 생각하는가?

한국교회100주년기념관
\ 서울시 종로구 연지동 136-12, 02-763-7244

한국기독교총연합회(이하 한기총)는 1989년 한국교회가 보수와 진보진영으로 나뉘어 제 역할을 제대로 감당하지 못한다는 판단에서 출발하게 되었다. 이러한 상황 아래서 범 교단의 교회 지도자들이 한자리에 모여 1989년 4월부터 한국기독교의 협의체인 사단법인 한국기독교총연합회 창립의 기틀을 다져왔고 이제 제 2의 탄생이라고 할 수 있는 창립총회를 개최한 것이다. 한국교회 100주년 기념관은 한국장로교 100주년을 맞이해서 예장(통) 100주년 사업회에서 1984년 기념관을 신축하였다.

찾아가는 길
지하철 1호선을 이용하여 종로5가에서 하차하여 2번 출구로 나가 대학로 방향으로 5분 정도 가다가 연동교회가 보이면 좌측 방향으로 가면 된다.

생각하기
1. 한기총이 출발정신을 살려 제 역할을 제대로 감당하고 있는지를 생각해보자.

2. 서로 연합하려면 무엇이 바탕이 되어야 하는지 생각해보자.

연동교회는 1894년 설립되었다. 1894년 선교사 이길함(Graham Lee, 李吉咸)과 서상륜 조사의 지도하에 현재의 예배당이 위치한 곳에서 가까운 곳에 있는 초가 한 채를 매입하여 예배당을 설립한 것이다. 연동교회 초대 목사인 게일 선교사는 갓바치(천민)들을 진심으로 사랑한 목회자였다. 또한 감옥에 들어가 있는 인사들에게도 열심히 전도하여 3. 1운동 당시에는 많은 독립운동가들이 연동교회를 출석하게 되었다. 3. 1운동 당시 파고다공원에서 독립선언서를 낭독한 정재용은 경신학교 재학시 연동교회를 출석하였다. 연동교회에 가면 반드시 자료실에 들러 게일 선교사가 번역한 성경을 보아야 한다. 게일 선교사는 한국인들이 말할 때 주어를 생략한다는 사실을 염두에 두고 성경을 번역했다.

찾아가는 길

지하철 – 1호선 종로5가역에서 하차하여 2번 출구로 나가 대학로 방향으로 200미터쯤 가면 교회를 찾을 수 있다.

생각하기

1. 천로역정을 번역한 게일 선교사가 우리 역사와 문화에 대해 얼마나 많은 관심을 기울였는지 생각해보자.

2. 연동교회가 3. 1운동 당시 앞장 설 수 있던 이유를 게일 선교사와 관련하여 생각해보자.

승동교회 \ 서울시 종로구 인사동 137번지, 02-732-2340

승동교회는 1893년 6월 사무엘 무어(S. F. Moore) 선교사에 의해 '곤당골교회' 라는 이름으로 지금의 롯데호텔 부근에서 설립되었다. 현재의 위치로 이사한 것은 1905년이다. 1892년 서울에 도착한 사무엘 무어 선교사는 교육에 많은 관심이 있어 곤당골에서 소학교를 운영하였고, 뜨거운 열정으로 복음을 전했다. 당시 곤당골 근처에는 작은 개천이 흐르고 있었는데 이곳에는 백정들이 모여 살고 있었다. 사무엘 무어가 곤당골에 교회를 설립한 것을 보면 그가 얼마나 가난하고, 비천한 사람들을 사랑했는가를 알 수 있다. 사무엘 무어의 전도를 통해 주님을 영접한 사람 중에는 박성춘이라는 사람이 있었는데 그는 주님을 영접하자마자 주님 안에서는 신분의 차별이 없음을 알고 고종 임금에게 백정들도 양반들처럼 갓을 쓰고, 도포를 입게 해달라는 상소를 올려 허락을 받아냈다. 결국 승동교회는 신분차별 타파에 앞장섰던 교회이다. 3. 1운동 당시 전국에서 모인 학생 대표들이 교회 지하실에 모여 독립운동을 모의하고 동참하기도 했다.

찾아가는 길

지하철 – 1호선 종각역에 하차하여 3번 출구로 나가 인사동 길로 올라가거나 지하철 3호선 또는 5호선 종로3가역에 하차하여 인사동 길로 올라가면 교회를 찾을 수 있다.

생각하기

1. 사무엘 무어 선교사의 신앙에 대해 생각해보자.

2. 백정 출신으로 장로가 된 박성춘의 평등사상에 대해 생각해보자.

서울시 종로구 종로6가 65, 02-762-5894 \ **동대문감리교회**

동대문감리교회가 시작된 배경에는 하워드라는 여의사가 있었다. 1887년 하워드(Miss Meta Howard)가 동대문부인진료소를 현 이화대학병원 자리에 설치하였다. 이후 1891년 진료소 안에 기도처가 설립되어 스크랜톤(W. B. Scranton)이 담임목사로 부임했다. 그러나 실제 업무는 로드웨일러와 이경숙이 담당하였고, 이로부터 동대문감리교회가 시작되었다. 1892년 12월 미국 감리교 선교부 총무인 볼드윈(Mrs. L. B. Baldwin) 부인의 기부금으로 새 예배실(볼드윈 채플)을 짓고 예배를 드리기 시작했다. 이때 한국감리교회 중에서 최초로 예배실 내에서 남녀가 함께 예배를 드렸다. 1898년 12월에는 본 교회 최초의 성탄 축하회를 거행하기도 하였다. 의열단에 가담하여 독립운동에 매진했던 김상옥도 이 교회 출신이다. 그러나 그를 기억하는 동대문감리교회 성도들은 별로 없다.

찾아가는 길
지하철 1호선이나 4호선을 이용하여 동대문에서 하차하면 이화여자대학병원 옆에 위치한 교회를 쉽게 만날 수 있다.

생각하기
1. 신사참배에 앞장섰던 정춘수 목사는 기억하면서도 독립운동에 매진했던 김상옥 성도는 기억하지 못하는 이유가 무엇 때문이라고 생각하는가?

영락교회와 순교자 김응락 장로 \ 서울시 중구 저동 2가 69번지 영락교회, 02-2280-0114

김응락 장로는 평북 의주군 고관면에서 태어났다. 어려서부터 주일학교를 출석하다 15세에 세례를 받고 19살에 집사 직분을 받았다. 김응락 장로는 해방 이후 공산치하에서 신앙생활 한다는 것이 불가능하다는 것을 깨닫고 월남하여 안동교회를 출석하는 가운데 1944년에 장로가 되었다. 그러나 북한에서 월남한 성도들이 자꾸만 찾아오자 월남한 교인들을 중심으로 교회를 설립해야겠다고 결심하고 1945년 12월에 한경직 목사를 모시고 베다니전도교회(현 영락교회)를 설립했다. 교회가 날로 부흥하자 1950년 6월 5일 현재의 예배당을 완공하고 감사예배를 드렸는데 한국전쟁이 발발한 것이다. 이에 많은 성도들이 피난길에 올랐지만 김응락 장로는 예배당을 버리고 피난갈 수 없다고 하면서 교회를 지키다 인민군에게 체포되어 순교의 길을 걸어갔다. 김응락 장로의 비문에는 이렇게 쓰여 있다.

"무거운 발길을 옮겨 골고다로 향하신 피어린 주님 발자국 따라 생을 다하고 의의 길 택하시오며 모진 붉은 돌에 쓰러지시올 때 스데반의 미소 또한 그 광채 만면에 사무치고 마지막 한 방울 피 흘리시도록 영락의 제단 부둥케 안으사 숨을 거두셨으니 베다니 뜰에 첫 번 맺은 순교의 원공은 장하시다."

찾아가는 길

지하철 - 2호선 을지로 3가역에서 하차하여 12번 출구로 나가거나 3호선 을지로 3가역에서 하차하여 10번 출구로 나가거나 4호선 충무로역에서 하차하여 5번 출구로 나가면 이내 찾을 수 있다.

생각하기

1. 김응락 장로가 영락교회를 설립하게 된 배경을 생각해보자.
2. 기독교와 공산주의가 공존할 수 있다고 생각하는가?

정동제일교회 2/2 \ 서울시 중구 정동 34번지, 02-753-0001

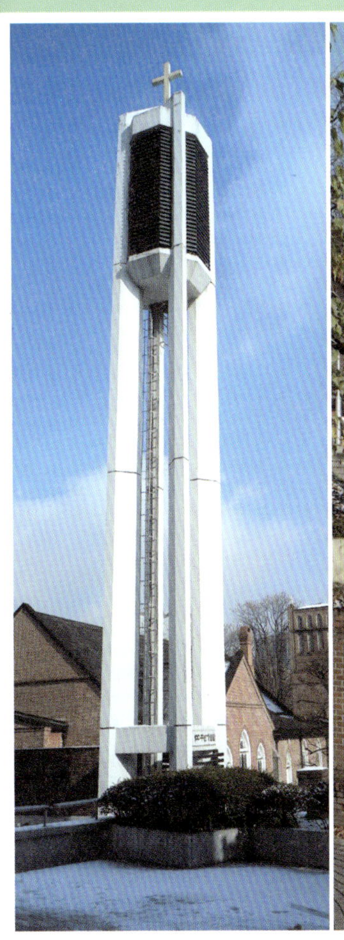

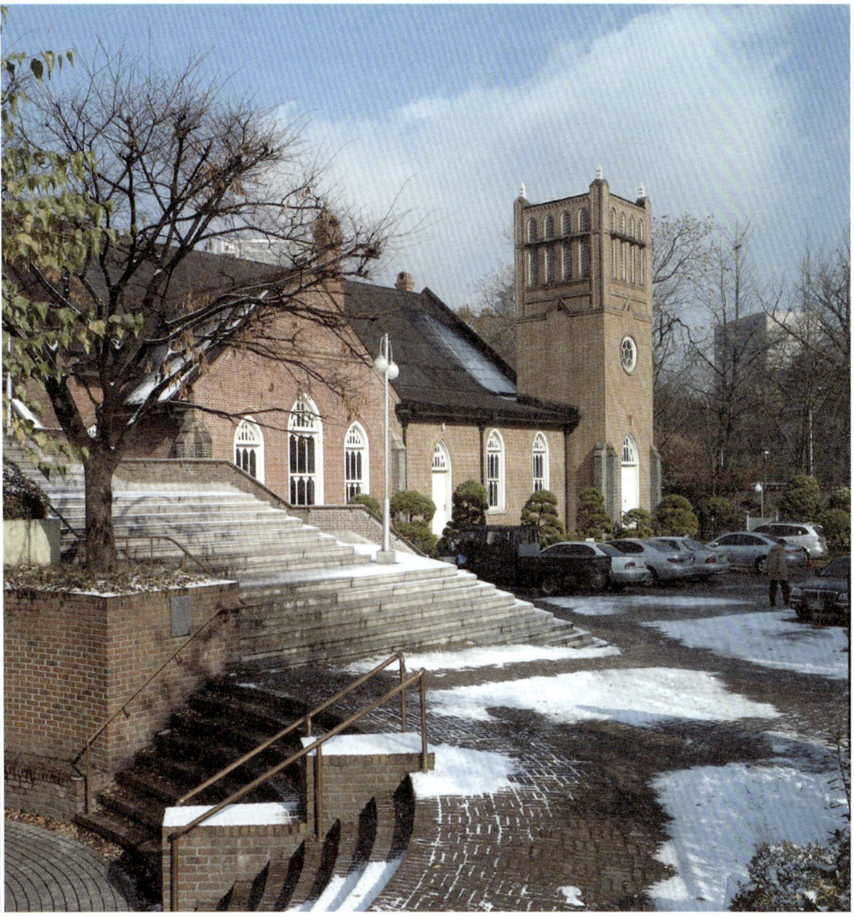

정동제일교회는 1885년 10월 11일 아펜젤러 선교사가 정동에 있는 자신의 사택에서 한국인들과 처음으로 예배를 드림으로 시작됐다. 아펜젤러 선교사는 장로교 언더우드 선교사와 함께 입국하였을 뿐만 아니라 성경을 함께 번역하는 등 서로 협력하며 이 땅에 하나의 교회를 이루어가자고 노력했던 선교사다. 그러나 아펜젤러 선교사는 너무나 일찍 죽고 말았다. 아펜젤러 선교사는 한국어 조수 조한규와 정신여학당 여학생과 동행하여 목포에서 열린 성서번역자 모임에 참석하러 배를 타고 가다가 다른 배와 충돌하는 사고로 죽음을 당했다. 조난당한 배에서 살아남은 광산업자 보울비에 따르면 아펜젤러 선교사는 충분히 탈출할 시간이 있었음에도 불구하고 3등 선실에 있던 한국인 조수와 정신여학당 여학생을 구하려고 아래로 내려갔다가 참변을 당했다고 한다. 정동제일교회는 3. 1운동 당시 민족대표 33인 중 한 분인 이필주 목사가 담임하고 있었다. 따라서 온 교인들이 3. 1운동에 동참했다. 민족과 함께 한 교회였다. 정동제일교회는 1897년 건축된 한국 최초의 서양식 개신교 건물인 벧엘 예배당을 비롯하여 1918년 봉헌된 최초의 파이프 오르간, 김인식 · 이흥렬이 이끌었던 정동성가대 등을 통해 이 땅에 새로운 문화와 문명을 소개하는 일에도 앞장섰다. 정동제일교회에는 〈만곤기독교 역사자료실〉이 있다.

찾아가는 길

지하철 – 1호선 시청역에서 하차하여 1, 12번 출구로 나가거나 지하철 2호선 10번 출구로 나가 이화여고 방향으로 5분쯤 걸어가면 만날 수 있다.

생각하기

1. 아펜젤러 선교사의 죽음과 연관하여 선교의 의미에 대해 생각해보자.

2. 기독교인들은 어떻게 나라를 사랑해야 하는지를 생각해보자.

이화장은 초대 대통령을 지낸 이승만(李承晚) 전 대통령의 사저를 말한다. 1920년대에 지어진 것으로, ㄷ자형의 한옥과 조각정(組閣亭) 등의 부속건물로 이루어진 대저택이다. 이곳 일대에는 인평대군(麟坪大君)의 석양루(夕陽樓)가 있었으며, 중종 때의 학자 신광한(申光漢)이 살았기 때문에 신대(申臺)라고 하였다. 이화장 뒷문 쪽의 바위에는 신대를 기념하는 <홍천취벽(紅泉翠壁)>이라는 강세황(姜世晃)의 각자(刻字)가 있다. 이화장 그 자체로는 특징이 없으나 초대 대통령이 기거하였고, 남동쪽 언덕에 있는 작은 별채인 조각정에서 초대 내각이 구성되었다는 역사적 의미를 가지고 있다. 서울특별시 기념물 제6호로 지정되어 있다.

찾아가는 길

지하철 4호선 혜화역에서 하차하여 2번 출구로 나가 이화장 4거리 방향으로 가서 서울대학교부속 초등학교 방향으로 가면 이화동 사무소를 지나 조금만 더 가면 만날 수 있다.

생각하기   1. 이화장의 소박함을 보면서 이 시대의 지도자들의 삶과 비교해보자.

새문안교회 \ 서울시 종로구 신문로 1가 42번지, 02-733-8140

새문안교회(구 정동교회)는 1887년 9월 27일(화) 밤, 서울 정동 13번지(현 예원중학교 운동장 자리)에 위치한 언더우드(H. G. Underwood) 목사의 사저에서 시작되었다. 1894년에 일어난 갑오농민전쟁과 청일전쟁의 전화(戰禍)로 사회가 혼란해지면서 교인 수가 급증하자 지금의 피어선 빌딩(현 서울 역사박물관 맞은편) 자리에 예배당을 신축하여 이전하였다. 1904년 10월 송순명 장로의 장립으로 한국교회 최초의 당회가 구성되었으며, 1910년 5월 29일 현 위치에 예배당을 신축하여 이전하였다. 이때 최초의 한국인 7인 목사 중 한 분인 서경조 목사가 언더우드 목사의 동사(협동)목사로 있었다. 언더우드 선교사는 1885년 4월 5일 부활절 한국에 첫발을 디딘 후, 정부의 금교조치에 막혀 제중원(廣惠院)의 일을 돕는 한편, 고아학교(현 경신고등학교) 운영을 통한 복음 선교활동을 하다가 1887년 9월 27일 새문안교회를 설립한 것이다. 한편 언더우드 선교사는 연세대학교를 설립하기도 했다. 새문안교회에는 〈교회사료관〉이 있어 새문안교회의 역사는 물론이고, 한국교회의 초기 역사에 대한 많은 자료를 볼 수 있다.

찾아가는 길

지하철 – 광화문역에서 하차하여 신문로를 따라 서대문 방향으로 500미터쯤 가면 된다.

생각하기

1. 새문안교회 설립자인 언더우드 선교사의 신앙을 생각해보자.

2. 새문안교회가 한국교회에 끼친 영향을 생각해보자.

서울시 정동 34-5번지 \ **배재학당** 서울

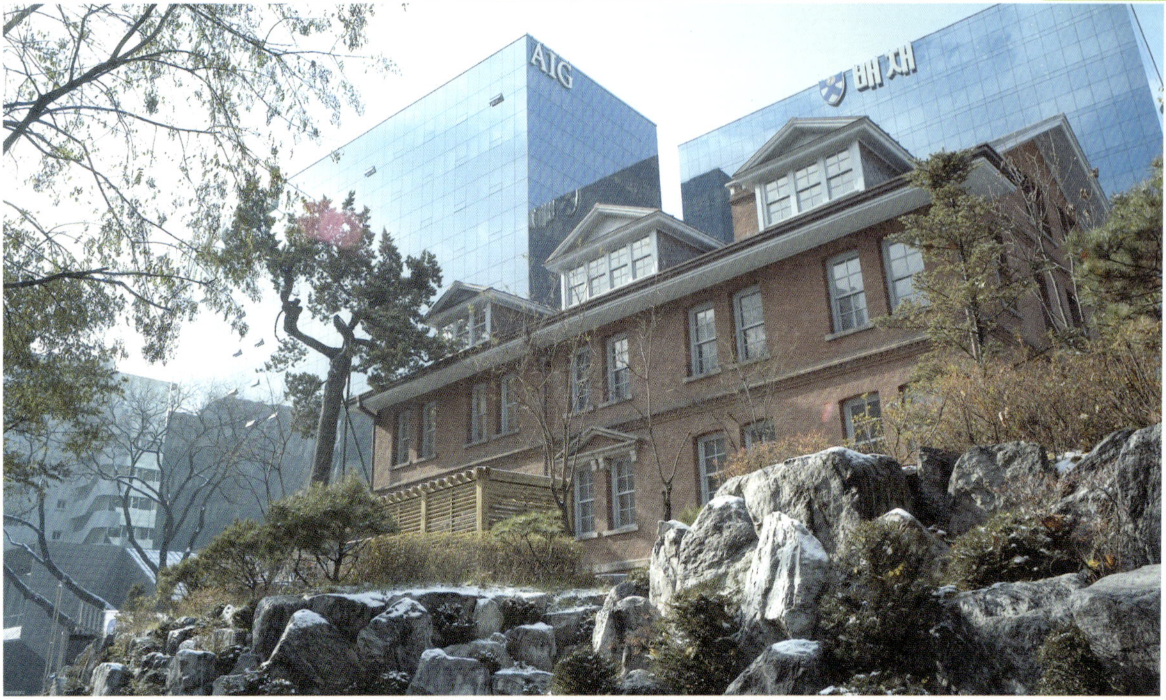

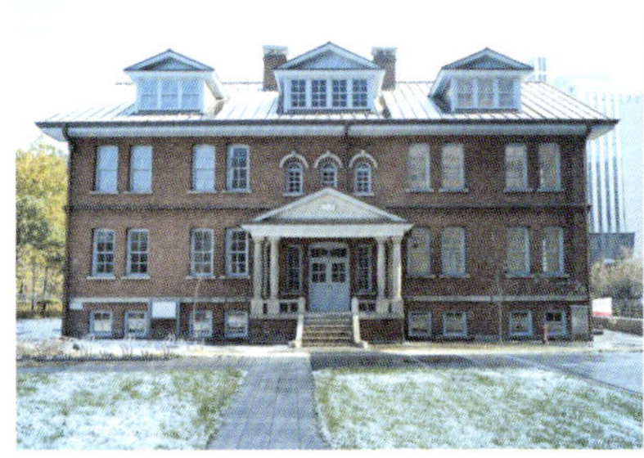

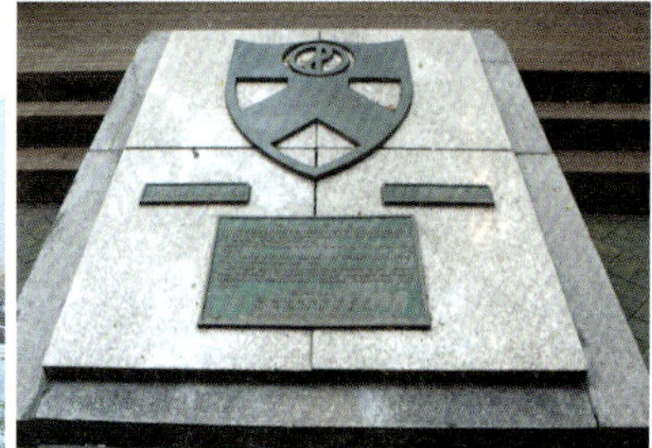

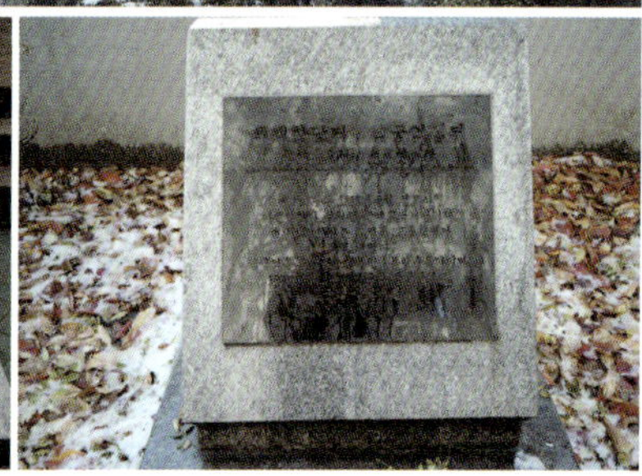

배재학당은 1885년 8월 미국 북감리교 선교사인 H. G. 아펜젤러가 설립했다. 오늘날의 배재중학교· 배재고등학교· 배재대학교의 전신이다. 1885년 7월 서울에 도착한 아펜젤러가, 1개월 먼저 와 있던 W. B. 스크랜턴의 집을 구입, 방 두 칸의 벽을 헐어 만든 교실에서 2명의 학생을 가르치기 시작한 것이 그 시초이다. 이에 고종은 1886년 6월 '배재학당(培材學堂)'이라 이름 지어 간판을 써 주었고, 그해 10월 학생 수는 20명으로 늘었다. 아펜젤러는 "통역관을 양성하거나 우리 학교의 일꾼을 가르치려는 것이 아니라, 자유의 교육을 받은 사람을 내보내려는 것이다."라고 설립 목적을 밝혔고, '욕위대자 당위인역(欲爲大者當爲人役)'이라는 학당훈(訓)을 내걸었다. 그리스도교인과 국가 인재양성을 위하여 일반 학과를 가르치는 외에, 연설회· 토론회 등을 열고 사상과 체육훈련에 힘을 쏟았다. 당시 배재학당에 설치되었던 인쇄부는 한국의 현대식 인쇄 시설의 효시이다. 안타깝게도 이곳에 남아 있던 많은 건물들이 다 헐리고 이제는 동관 건물만 남아 있다. 2001년 서울시 기념물 16호로 지정되었다.

찾아가는 길 지하철 1호선이나 2호선 시청역에서 하차하여 정동교회를 지나면 찾을 수 있다.

이화학당 \ 서울시 정동 32번지

이화학당은 1886년(고종 23) 해외여성선교회에서 파견된 메리 F. 스크랜튼(Mary F. Scranton)이 서울 황화방(皇華坊), 지금의 중구(中區) 정동(貞洞)에 설립한 한국 최초의 사립여성교육기관이다. 제1대 당장인 스크랜튼의 교육이념은 기독교 교육을 통하여 한국여성들을 '더 나은 한국인으로 양성하는 것', 즉 한국인의 긍지와 존엄성을 회복하고 진정한 한국인을 육성하는 것이었다. 이듬해인 1887년 2월에는 고종황제가 외아문을 통해 '이화학당(梨花學堂)'이라는 교명과 현판을 하사하였다. 이화라는 교명은 '배꽃같이 순결하고 아름다우며 향기로운 열매를 맺으라.'는 뜻을 담고 있다. 한 명의 학생으로 시작한 이화학당은 점차 학제를 정비하여 1904년에는 중등과를, 1908년에는 보통과와 고등과를 신설함으로써 마침내 보통·중등·고등과정의 일관된 학제를 마련하였다. 이화학당은 1908년 6월 5명의 제1회 중등과 졸업생을 배출하였고 1910년에는 4년제의 대학과를 설치하여 1914년 4월 신마실라·이화숙·김애식 등 한국 최초의 여대생을 배출하였다. 아울러 1914년에는 우리나라 최초의 이화유치원을 설립하기도 했다.

찾아가는 길   지하철 1호선이나 2호선 시청역에서 하차하여 정동교회를 지나면 찾을 수 있다.

서울시 중구 정동 3번지, 02-730-6611 \ **서울성공회성당**

서울성공회성당은 서울시 유형문화재 제 35호로 지정되어 있을 만큼 아름다운 성당이다. 1922년 착공하여 1926년 5월 2일에 완공되었고, 1996년에 증축했다. 이 성당은 영국인 아더 딕슨의 설계대로 착공하였으나 일제치하에서 제대로 공사를 진행하기가 어려웠다. 결국 1996년에야 원래 설계대로 성당건축을 완성한 것이다. 성당건물은 로마네스크 양식에 한국 전통 건축기법을 조화시킨 아름다운 건물이다. 성공회가 한국선교를 시작한 것은 1885년이다. 중국선교사로 활동하던 J. R. 울프 선교사가 내한하여 선교한 것이 기원이다. 서울성공회 성당은 1890년 12월 21일 현 위치에 한옥을 구입하여 '장림성당' 이라는 이름으로 명명하고 고요한 주교가 첫 미사를 집전했다. 서울 성공회 성당에 가면 무엇보다도 성당건물에 관심을 기울이라고 권하고 싶다. 성당 내부에는 좌우로 주님의 12사도를 상징하는 돌기둥이 서 있고, 전면 반원형 벽면에는 예수 그리스도의 모자이크 상이 새겨져 있다. 지하 성당에는 트롤로프 주교의 유해가 안치되어 있다.

찾아가는 길

지하철 – 1호선 시청역에서 하차하여 2번 출구로 나가 영국대사관 방향으로 가면 찾을 수 있다.

생각하기

1. 기독교인들은 성화(聖畵)를 어떻게 여겨야 하는지 생각해보자.

2. 성공회 신학 내지는 신앙이 장로교나 감리교 등 개신교의 다른 교파의 신학과 어떤 차이가 있는지 생각해보자.

구세군사관학교 구 건물은 2002년 3월 5일 서울특별시기념물 제 20호로 지정되었다. 구세군유지재단에서 소유, 관리한다. 구세군은 영국의 감리회 목사 윌리엄 부스(William Booth, 1829~1912, 許加斗)가 창설한 그리스도교 교파이다. 구세군은 1908년부터 한국에서 선교사업을 시작하였다. 1907년 구세군 창립자인 윌리엄 부스 대장의 일본 순회집회 때 참석했던 유학생의 요청에 따라, 1908년 10월에 정령 허가두 사관에 의해 한국선교가 시작하게 되었다. 구세군의 사관 양성과 자선, 사회사업의 본거지가 된 이 건물은 벽돌조의 지상 2층으로 1926년에 완공되었다. 좌우 대칭으로 된 안정된 외관과 현관 앞에 배치된 거대한 기둥, 구세군사관학교가 명시되어 있는 정면 중앙 상부의 박공, 목조의 짜임 등 건물의 세밀한 부분이 조화를 이루어 이색적인 아름다움을 자아낸다. 세부적으로 개조된 부분이 있고 건물 뒷면은 증축되었지만 건립 당시의 원형을 잘 유지하고 있다. 구세군 활동과 관련한 그리스도교 유적으로 근대 건축 양식을 보여준다. 구세군하면 금주(禁酒), 금연운동과 자선냄비운동을 떠올리게 되는데 그만큼 구세군은 가난하고, 소외된 백성들에게 많은 관심을 기울이고 있다.

찾아가는 길

지하철 – 5호선 광화문역에서 하차하여 8번 출구로 나가 서대문 방향으로 우회전하여 가면 찾을 수 있다.

생각하기

1. 구세군 창설자인 윌리엄 부스(허가두)의 신앙에 대해 생각해보자.

2. 구세군 예배당에 있는 회개석(penitent seat)의 의미를 생각해보자.

양화진 외국인묘지공원 1/3

양화진(楊花津, 버들꽃나루)은 노량진, 동작진, 한강진, 송파진과 함께 서울의 오진(五津)이었다. 특히 양화진은 조선정부에게 있어서 교통과 국방의 요충지였다. 양화진 앞 강물이 깊어 큰 배도 드나들 수 있었기 때문이다. 근처에는 누에의 머리처럼 생겼다고 해서 잠두봉(蠶頭峰)으로 불리는 봉우리도 위치하고 있다. 천주교에서는 이곳 잠두봉에서 많은 신자들이 머리를 잘려

죽었다고 해서 절두산이라고 부르기도 한다. 양화진에 '서울 외국인 묘지공원'이 위치하게 된 이유는 알렌에 이어 제중원의 원장이 된 헤론(J. W. Heron)이 전염병에 걸린 환자들을 돌보던 중 자신도 이질에 걸려 1890년 7월 26일 34세의 일기로 삶을 마감하게 되었기 때문이다. 이때 많은 선교사들이 고종임금에게 묘지를 요청하였고, 고종이 허락하여 양화진에 서울 외

국인 공원묘지가 위치하게 된 것이다. 이곳에 묻혀있는 많은 선교사들은 우리나라가 일제치하에서 고통당하고 있을 때 우리 민족을 위해 헌신했던 분들이다. 우리는 이곳에서 순교신앙을 배워야 한다. 이곳에는 약 555기의 묘가 위치하고 있다. 이중에서 선교사의 묘는 167기다.

찾아가는 길

지하철 – 2, 6호선 합정역에서 7번 출구로 나가 당산철교 방향으로 약 150미터쯤 가면 된다. / 승용차 – 신촌 방향에서 합정동 로터리를 지나 양화대교 아래에서 유턴하여 운하장 골목으로 우회전하여 100미터쯤 가면 된다.

생각하기

1. "섬김을 받으러 온 것이 아니라 섬기러 왔습니다."라는 아펜젤러 선교사의 고백에서 무엇을 느낄 수 있는지 생각해보자.

2. 선교사들은 왜 낯선 이 땅에 왔는지 그 이유를 생각해보자.

"내게
천의 생명이
있어도
나는
조선을 위해서
바치겠노라"
〈켄드릭〉

광혜원 \ 서울시 서대문구 신촌동 134, 02-361-2114

광혜원은 한국 최초의 서양식 국립의료기관으로 1885년(고종 22년) 2월 29일 미국 선교의사인 H. N. 알렌(한국명: 安蓮)이 서울 재동(齋洞)에서 왕립 광혜원(王立廣惠院)이라는 이름으로 설립했다. 알렌은 1884년 9월 미국 북장로교의 의료선교사로 한국에 들어와 활동하던 중, 갑신정변 때 칼을 맞아 중상을 입은 민영익(閔泳翊)을 치료해 생명을 구해준 것이 인연이 되어 고종의 총애를 받아 왕실부(王室附) 시의관으로 임명되었으며, 병원 설립을 건의하여 고종의 허락을 받았다. 정부는 광혜원 규칙을 제정해 국립병원으로서 원장 격인 광혜원당랑(廣惠院堂郎)을 두었으며, 의료진으로는 미국인 의사인 알렌을 초빙해 환자 진료를 실시했다. 광혜원은 개원 12일 만인 3월 12일 통리교섭통상사무아문(統理交涉通商事務衙門)의 계(啓)에 따라 제중원(濟衆院)으로 이름을 바꿨다. 제중원을 찾는 환자수와 업무량이 많아지자, 선교사 J. H. 헤론이 가세하여 의료활동에 종사하였다. 1886년 여의사 A. J. 앨러스가 오면서 부인부(婦人部)가 설치되고, 이듬해 정부의 후원으로 홍영식(洪英植)의 집(지금의 을지로 입구 한국외환은행 본점 자리)으로 옮겼다. 광혜원(제중원)이 세브란스병원으로 이름이 바뀐 배경에는 이러한 이유가 있다. 1899년 에비슨이 안식년 휴가차 미국을 방문했을 때 '국제선교사대회'에 참석하게 되었다. 이때 한국에서의 의료선교에 대한 보고를 했는데 그 자리에 참석했던 세브란스(Louis H. Severance)가 감동을 받고 일만 달러를 기부하여 1904년 새롭게 병원을 신축했을 때 병원 이름을 세브란스병원으로 바꾼 것이다.

찾아가는 길

연세대학교에 가면 1987년 4월 10일 복원된 광혜원을 볼 수 있다. 광혜원은 본래 재동에 위치하고 있었는데 초기의 건물이 소실되고, 그 자리에는 '제중원 터'라는 비를 세웠다.

생각하기

1. 한국 선교가 병원과 학교를 중심으로 한 선교로 시작된 것을 어떻게 생각하는가?

2. 제중원이 세브란스병원으로 이름이 바뀐 이유에서 한국을 사랑했던 외국인들의 사랑에 대해 생각해보자.

연세대학교 2/2 \ 서울시 서대문구 신촌동 134번지, 02-2123-2114

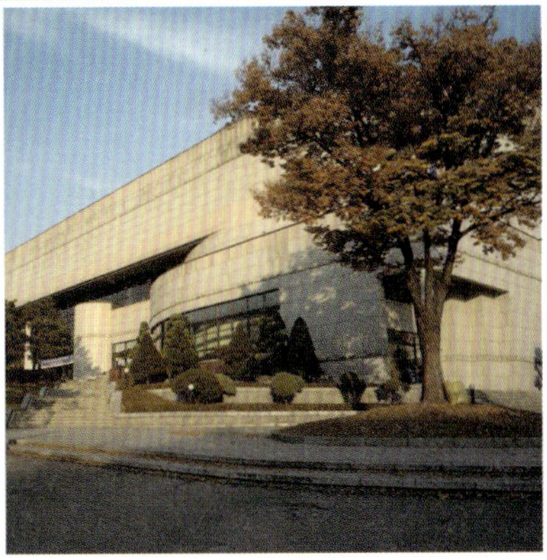

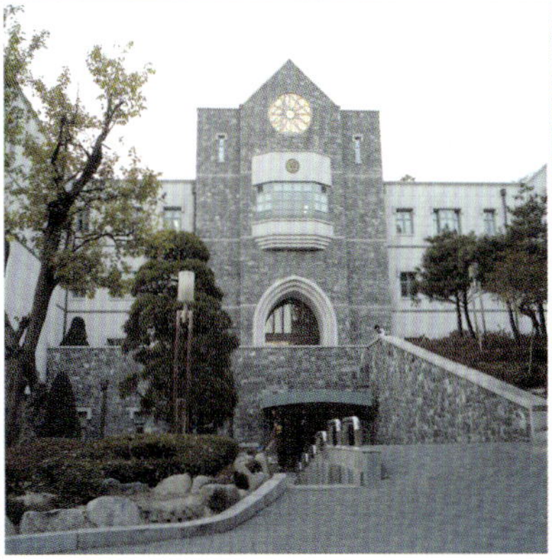

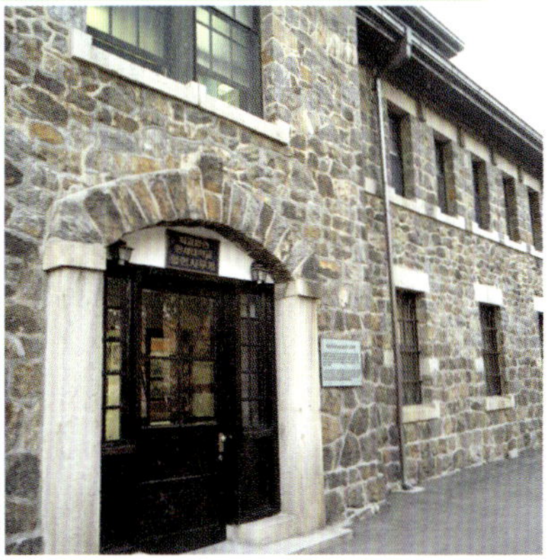

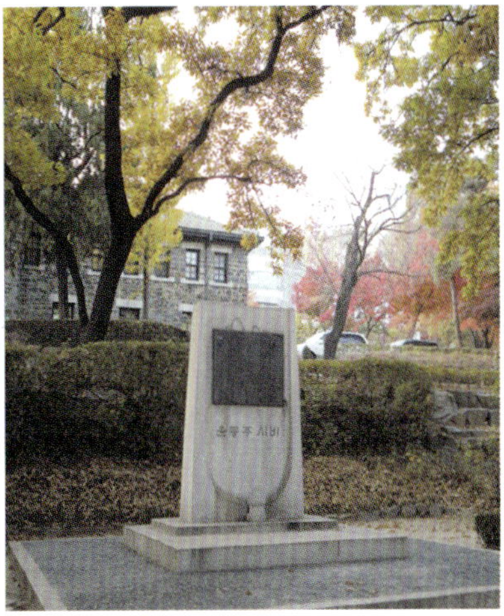

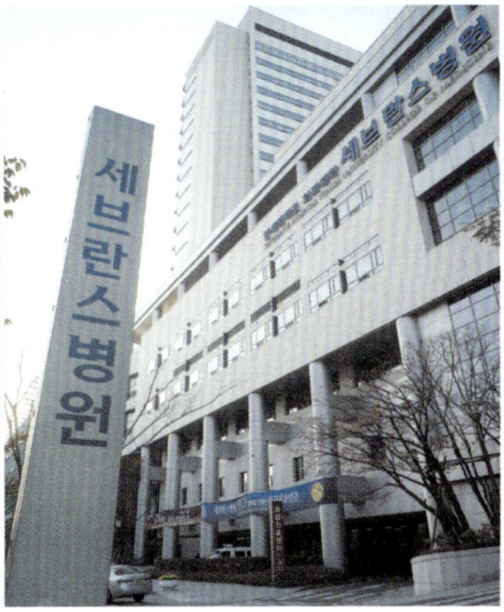

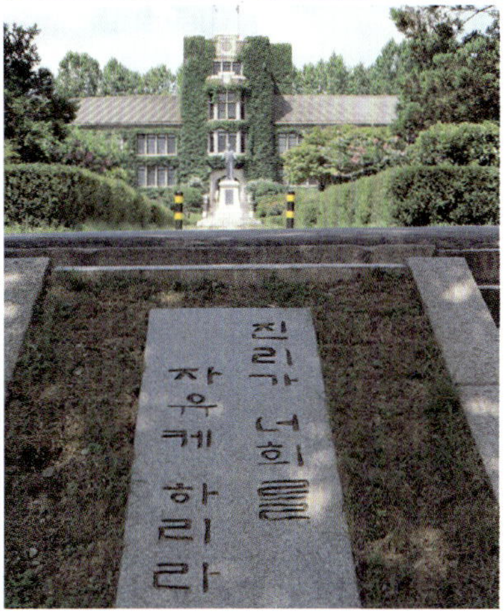

연세대학교는 알렌 선교사가 1885년에 설립한 제중원과 언더우드 선교사가 1915년에 설립한 연희전문학교가 합해져 오늘에 이르고 있다. 1885년 4월 10일 고종황제가 구리개(銅峴 : 현재 을지로 입구)에 제중원(濟衆院 : 초기 이름은 廣惠院)이라는 병원을 설립하게 한 것이 바로 세브란스 의과대학의 효시이다. 1886년 3월 29일 학생 16명을 선발하여 개학하니 이것이 곧 연세대학교 역사의 시작일 뿐 아니라 우리나라 최초의 서양 의학 강습의 출발점이 된 것이다. 한편 1915년 3월 언더우드 선교사가 미국 북장로교 해외 선교부의 적극적인 협조와 재한 남·북감리교 선교부, 캐나다 장로교 선교부의 협력을 얻어 서울 YMCA에서 'Chosun Christian College'(문과, 수물과, 상과, 농과, 신과)라는 이름으로 최초로 개교하였다. 이 두 학교가 1957년에 합하면서 '연세대학교'가 된 것이다. 연세대학교에 가면 광혜원과 언더우드 기념관을 들러보아야 한다.

찾아가는 길

지하철 2호선을 이용하여 신촌역에서 하차하여 2번이나 3번 출구로 나가 찾아가면 된다. 연세대학교에 가면 광혜원과 언더우드 기념관도 찾아 보자.

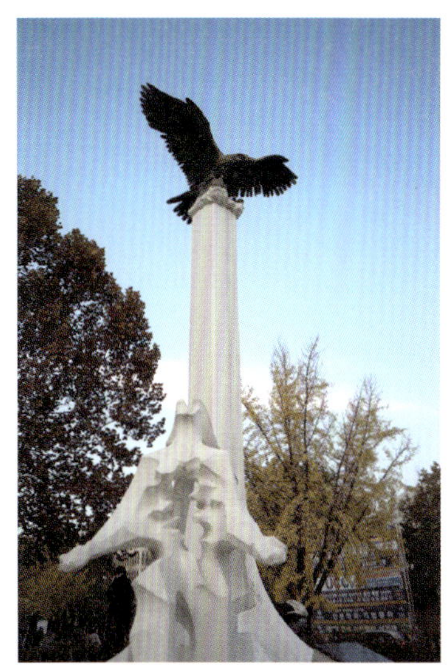

이화여자대학교는 1886년 미국 북감리교 선교사인 M. F. 스크랜턴 대부인에 의하여 설립되었다. 이듬해 고종황제가 교명을 '이화학당'이라고 명명하였다. 이화여자대학교의 설립은 여성들의 지위를 향상시키고, 남녀차별의 봉건적 관념에 정면으로 도전하는 쾌거였다. 1925년 '이화여자전문학교'로 개칭하였으나, 1943년 일제의 탄압으로 1년제 '여자청년연성소 지도자 양성과'로 격하되었다가 1945년 '경성여자전문학교'로 다시 개명하였다. 1945년 10월 '이화'라는 교명을 되찾게 되었다. 초대총장에 김활란(金活蘭)이 취임하였다.

찾아가는 길

지하철 2호선을 이용하여 이대역에서 하차하면 된다. 승용차로 찾아갈 경우 정문을 이용할 수 없고, 후문만 이용해야 한다.

성니콜라스정교회 \ 서울시 마포구 아현1동 424-1, 02-362-7005

서울성공회 성당은 서울시 유형문화재 제 35호로 지정되어 있을 만큼 아름다운 성당이다. 1922년 착공하여 1926년 5월 2일에 완공되었고, 1996년에 증축했다. 이 성당은 영국인 아더 딕슨의 설계대로 착공하였으나 일제치하에서 제대로 공사를 진행하기가 어려웠다. 결국 1996년에야 원래 설계대로 성당 건축을 완성한 것이다. 성당 건물은 로마네스크 양식에 한국 전통 건축기법을 조화시킨 아름다운 건물이다. 성공회가 한국 선교를 시작한 것은 1885년이다. 중국 선교사로 활동하던 J. R. 울프 선교사가 내한하여 선교한 것이 기원이다. 서울 성공회 성당은 1890년 12월 21일 현 위치에 한옥을 구입하여 '장림성당' 이라는 이름으로 명명하고 고요한 주교가 첫 미사를 집전했다. 서울 성공회 성당에 가면 무엇보다도 성당건물에 관심을 기울이라고 권하고 싶다. 성당 내부에는 좌우로 주님의 12사도를 상징하는 돌 기둥이 서 있고, 전면 반원형 벽면에는 예수 그리스도의 모자이크 상이 새겨져 있다. 지하 성당에는 트롤로프 주교의 유해가 안치되어 있다.

찾아가는 길

지하철 – 1호선 시청역에서 하차하여 2번 출구로 나가 영국 대사관 방향으로 가면 찾을 수 있다.

생각하기

1. 기독교인들은 성화(聖畵)를 어떻게 인식해야 하는지 생각해보자.

2. 성공회 신학 내지는 신앙이 장로교나 감리교 등 개신교의 다른 교파의 신학과 어떤 차이가 있는지 생각해보자.

서울시 동작구 사당3동 산 31-3번지, 02-3479-0200 \ **총신신학대학교** 서울

총신대학교는 1901년 평양에서 마펫 선교사에 의해 설립되었다. 장로회신학대학과 1959년까지는 하나의 학교였으나 박형룡 교장과 연관된 사건 이후 두 학교는 교단이 나뉘면서 신학교도 나뉘게 되었다. 사당동으로 이전한 것은 1965년의 일이다. 현재 사당동에서는 학부와 대학원을 중심으로 수업이 진행되고 있고, 신학대학원은 경기도 용인시 처인구 양지면 제일리 산 41-11번지에 위치하고 있다. 신학대학원 교정에는 송천교회가 복원되어 있으며 서상륜, 이수정 선구자 기념비도 서 있다. 그리고 최봉석(최권능) 목사의 순교비도 서 있다.

찾아가는 길

지하철 7호선 남성역에서 하차하여 3번 출구로 나와 752번 버스를 이용하거나 4호선 총신대입구역에서 하차하여 태평백화점 앞에서 752번 버스를 이용한다. 2호선 낙성대역에서 하차하여 5번 출구로 나와 흑석동행 마을버스 14번을 이용해도 된다.

장로회신학대학교 \ 서울시 광진구 샘말길 23번지, 02-450-0700

 장로회신학대학교는 1901년 미국 북장로교 마펫(S. A. Moffett) 선교사에 의해 평양에서 설립되었다. 1907년 6월 길선주, 한석진, 이기풍 등 7인의 첫 졸업생이 나오게 되었고 그해 9월에 독(립)노회가 창설되어, 이들이 한국 장로교회의 첫 목사들로서 안수되었다. 1938년 제27차 총회에서 신사참배안이 총회에서 불법적으로 선포되므로, 신학교는 이에 동참할 수 없다고 거절함으로써, 무기휴교 되는 운명을 맞이한 적도 있다. 해방이 되자 북한에는 공산정권이 수립되어 자연히 신학교가 폐쇄되었고, 남한에서 총회가 기존해 있던 조선신학교를 총회 직영 신학교로 인준하여 교역자 양성을 하였다. 그 후 총회는 "장로회신학교"를 인준하여 오늘에 이르고 있다. 1959년 통합측과 합동측이 분열하였지만 총신학대학교와 장로회신학대학교는 개교기념일이 같다. 아직 하나가 되기에는 여러 어려움들이 있지만 하나가 되어야 한다는 공감대를 만들어 가고 있다. 교내에 주기철목사 순교 기념비가 세워져 있고, 학교 설립자 마펫 선교사의 묘비도 세워져 있다.

찾아가는 길 지하철 5호선 광나루역에서 하차하여 1번이나 2번 출구로 나가 10분 정도 걸어가면 된다.

숭실대학교는 1897년 10월 미국 북장로교 선교사 배위량(裵緯良, W. M. Baird)에 의해 평양 신양리 26번지에서 13명의 학생으로 '숭실학당' 이라는 이름으로 시작되었다. 배위량 선교사는 평양신학교를 설립한 마펫 선교사와 맥코믹 신학교 동기동창이다. 배위량 선교사는 평양으로 오기 전에 부산에서 활동했는데 그때 그 곳에서도 학교를 설립하여 학생을 가르치는 등 교육에 많은 관심을 기울였던 선교사였다. 숭실대학교는 1901년 교사를 신축 이전하면서 교명을 '숭실학당' 으로 개명하였다. 1905년 '숭실대학' 으로 승격하여 한국 최초의 기독대학이 되었으나, 일제의 탄압으로 1925년 '숭실전문학교' 로 개편되었다가 1938년 신사참배를 거부한다는 명목으로 폐교되었다. 1954년 서울에서 '숭실대학' 으로 재건하였으며, 1971년 대전대학과 통합하여 교명을 '숭전대학교' 로 변경하였다. 1983년 대전캠퍼스는 한남대학교로 독립 · 분리되었다. 1986년 교명을 숭실대학교로 환원하였다. 교내에 김양선 목사가 기증한 자료를 바탕으로 설립된 기독교박물관이 있다.

찾아가는 길 지하철 7호선을 이용하여 숭실대학교 입구역(살피재)에서 하차하여 3번 출구로 나가면 된다.

숭실대학교 2/2 (한국기독교박물관)

\ 서울시 동작구 상도동 511, 02-820-0752

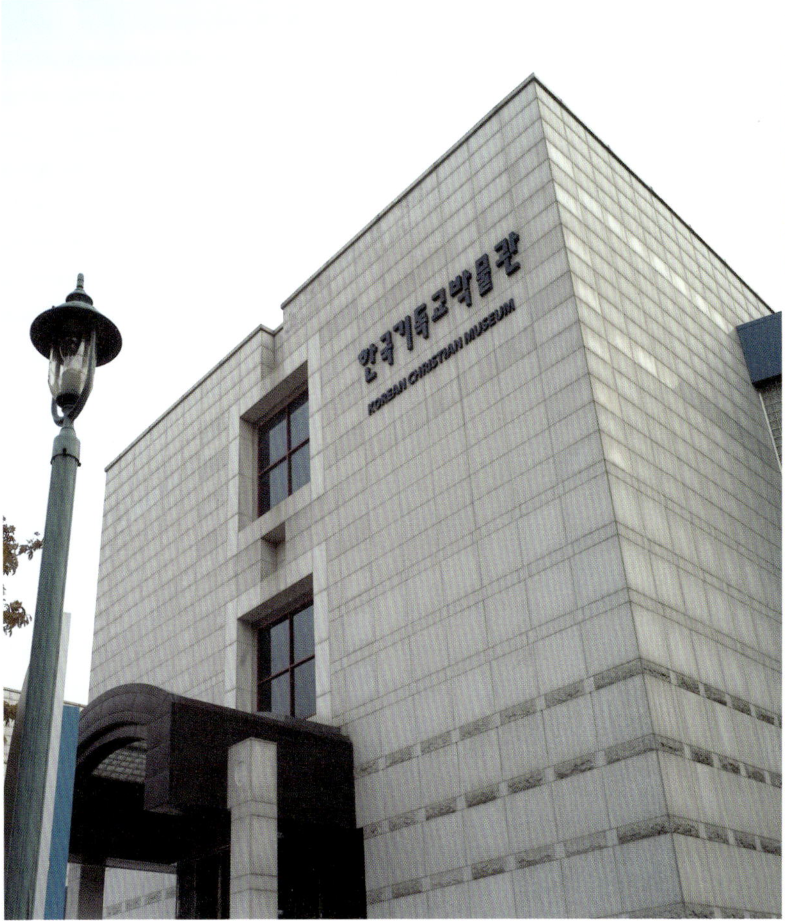

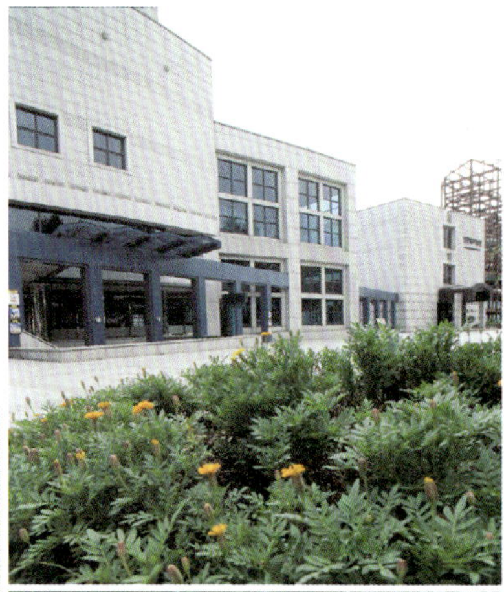

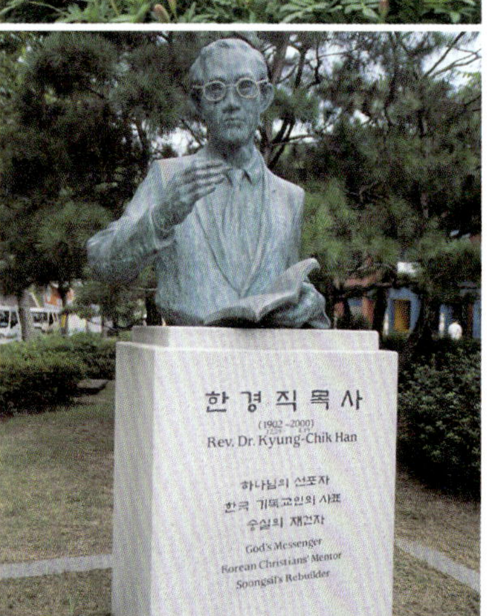

숭실대학교 한국기독교박물관은 故 김양선 교수의 기증유물을 중심으로 하여 1960년대부터 본관이 수행한 여러 유적조사에서 출토된 유물들로 이루어져 있다. 김양선 교수는 평안북도 의주 출신으로 한국전쟁 이전부터 많은 유물을 모았는데 전쟁 후 생명을 걸고 이북을 오가며 많은 유물을 남한으로 가져와 이 박물관의 기초를 다진 것이다. 이 박물관에 가면 한국 기독교 역사실, 민족운동사실, 고고미술실, 그리고 숭실역사실 등 4개의 전시실로 구성되어 있다. 한국 기독교 역사실에는 기독교의 일파인 경교(景敎 Nestorianism)와 관련된 유물을 볼 수 있다. 경주 불국사 안에서 발견된 돌십자가 등 경교(景敎) 전래 가능성을 보여주는 유물들을 비롯하여 초기 천주교 교리서와 신앙서적, 박해 관련 자료 등을 전시하여 천주교의 수용과 성장 과정을 이해할 수 있도록 하였다. 그리고 한국 개신교의 수용 및 발전상을 살펴볼 수 있도록 초기 성경을 비롯하여 각종 찬송가와 외국 선교사 관련 유물, 일제하 한국 교회와 신앙운동 관련 유물을 전시하여 한국 근대사에서 개신교의 발전 흐름을 이해할 수 있도록 하였다.

찾아가는 길

지하철 - 7호선 숭실대입구역에서 하차하여 3번 출구로 나가 숭실대학교를 찾아가면 된다.

생각하기

1. 생명을 걸고 유물을 남한으로 옮겼던 김양선 교수의 정신을 생각해보자.

2. 한국교회가 유물이나 자료보존에 얼마만큼 관심을 기울이고 있는지 생각해보자.

서울시 구로구 항동 1-1, 02-2683-4114 \ **성공회대학교** | 서울

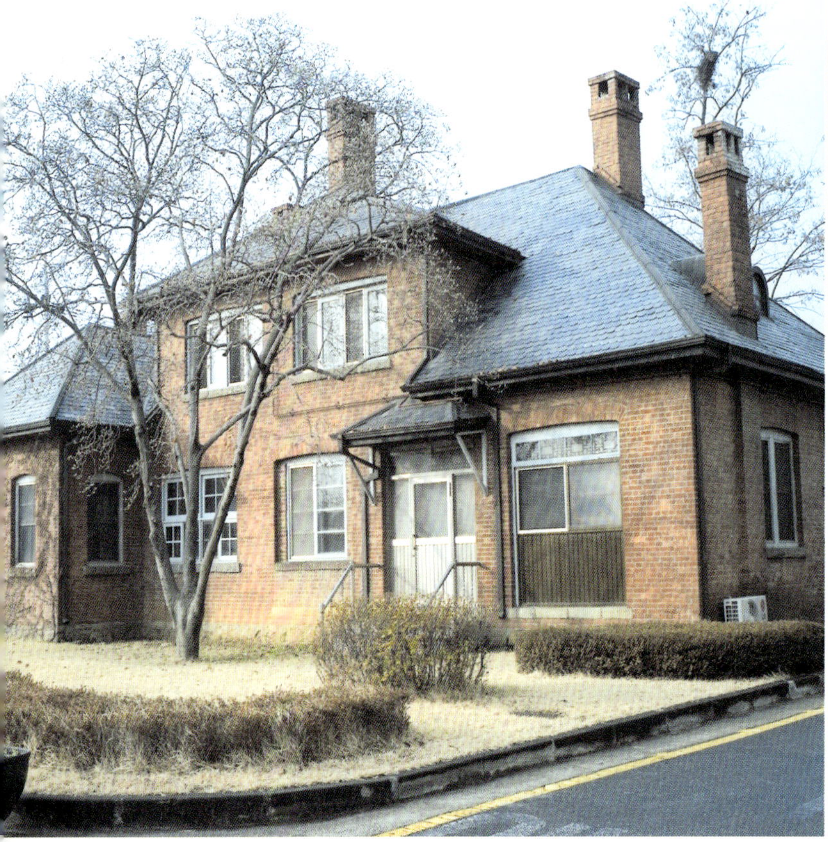

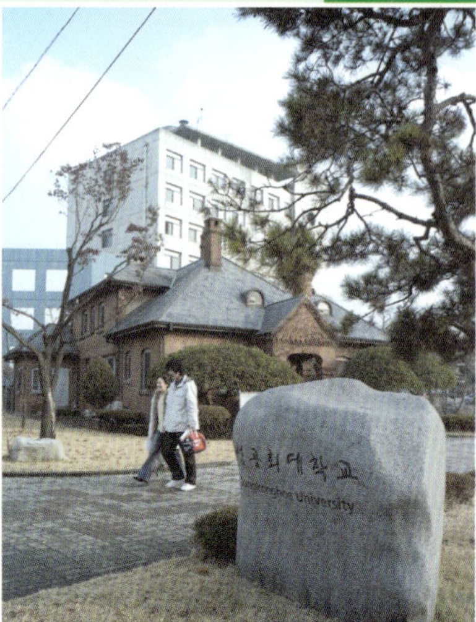

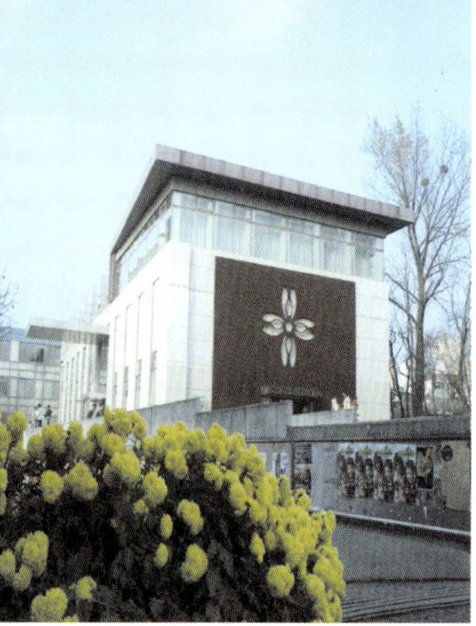

한국에 처음으로 들어왔던 성공회 선교사는 울프(J. R. Wolf)이다. 중국에서 활동하다 1885년과 1887년에 한국을 방문하여 선교하기를 원했지만 여의치 않자 호주에 있는 친척들에게 한국을 위하여 선교사를 보내달라는 편지를 보냈다. 이 편지를 매카트니 목사가 한 선교신문에 발표하여 호주교회가 한국 선교를 시작하게 되었다. 성공회대학교는 1914년 강화에서 성 미카엘 신학원으로 개교하여 1956년 현재의 항동 캠퍼스를 마련하고 이전하였다.

1989년 성공회신학교로, 1992년 성공회신학대학으로 개편하고, 1994년 성공회대학교로 교명을 승격 변경하였다. 성공회는 한국에서 그리 큰 교단은 아니다. 그러나 성공회대학교는 한국 민주화운동에 적극적으로 동참하였으며 NGO대학원 등을 통해 인권과 소외계층에 대한 관심을 가르치고 있다.

찾아가는 길 지하철 1호선 온수역에서 하차하여 1번 출구로 나오거나, 7호선 2번 출구로 나와 10분 정도 걸어가면 된다.

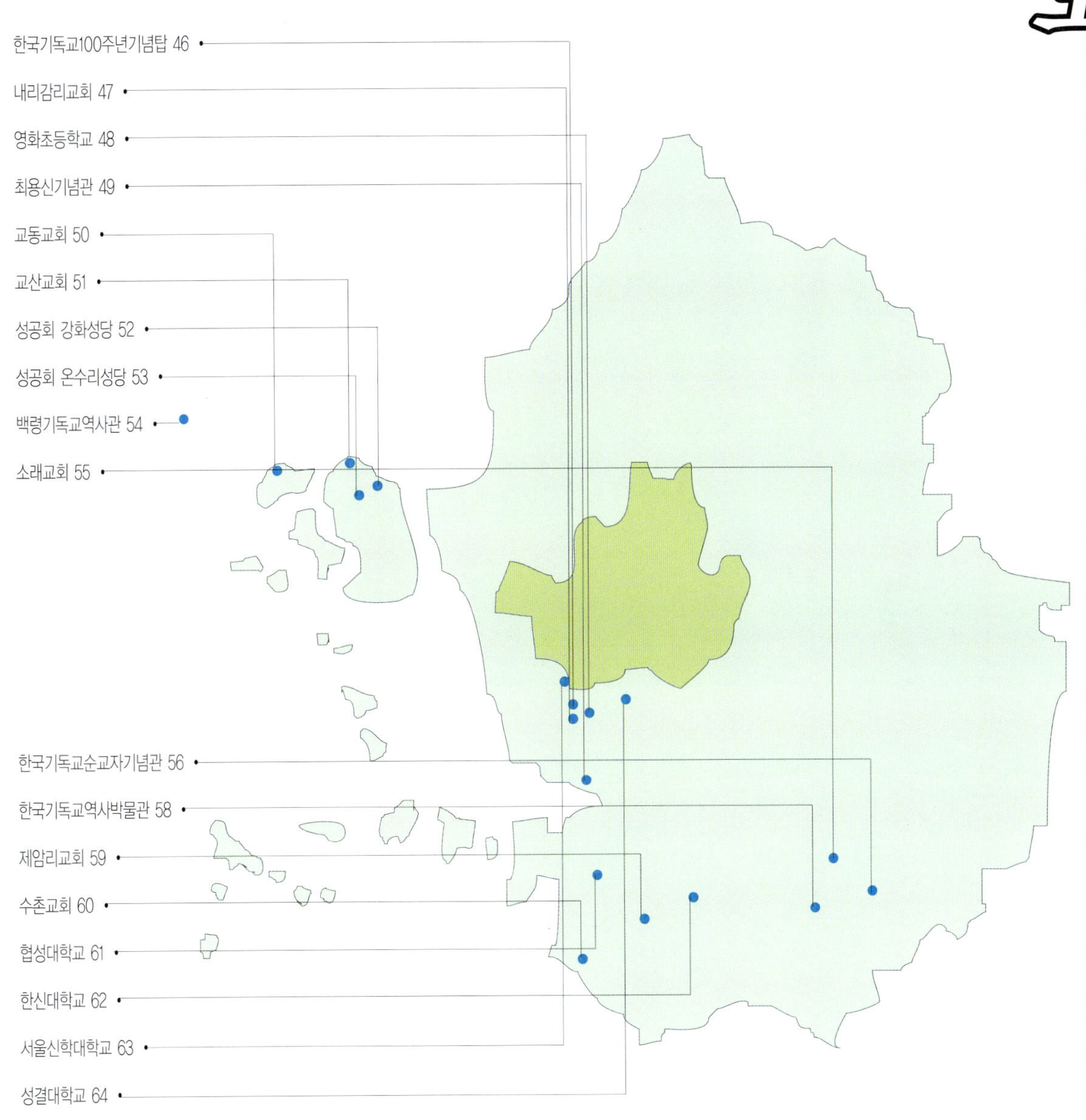
한국기독교100주년기념탑 46
내리감리교회 47
영화초등학교 48
최용신기념관 49
교동교회 50
교산교회 51
성공회 강화성당 52
성공회 온수리성당 53
백령기독교역사관 54
소래교회 55
한국기독교순교자기념관 56
한국기독교역사박물관 58
제암리교회 59
수촌교회 60
협성대학교 61
한신대학교 62
서울신학대학교 63
성결대학교 64

인천시 중구 항동 5-2번지 \ **한국기독교백주년기념탑** 경기도

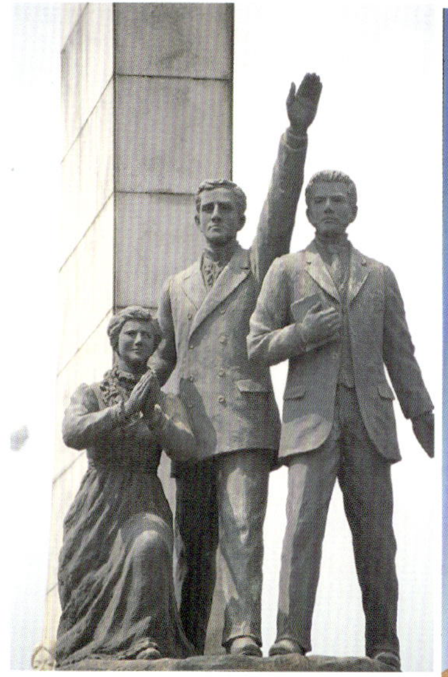

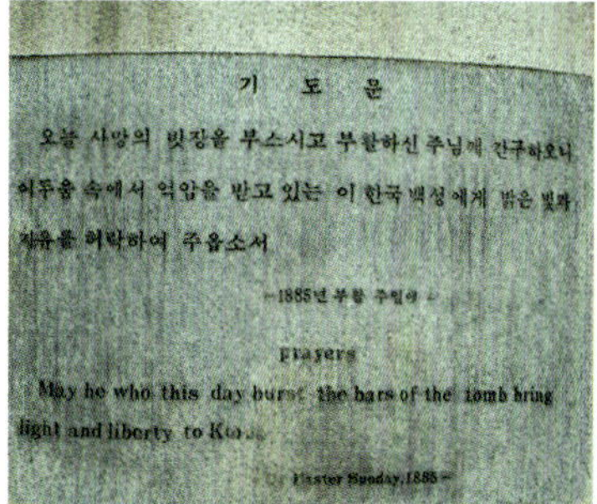

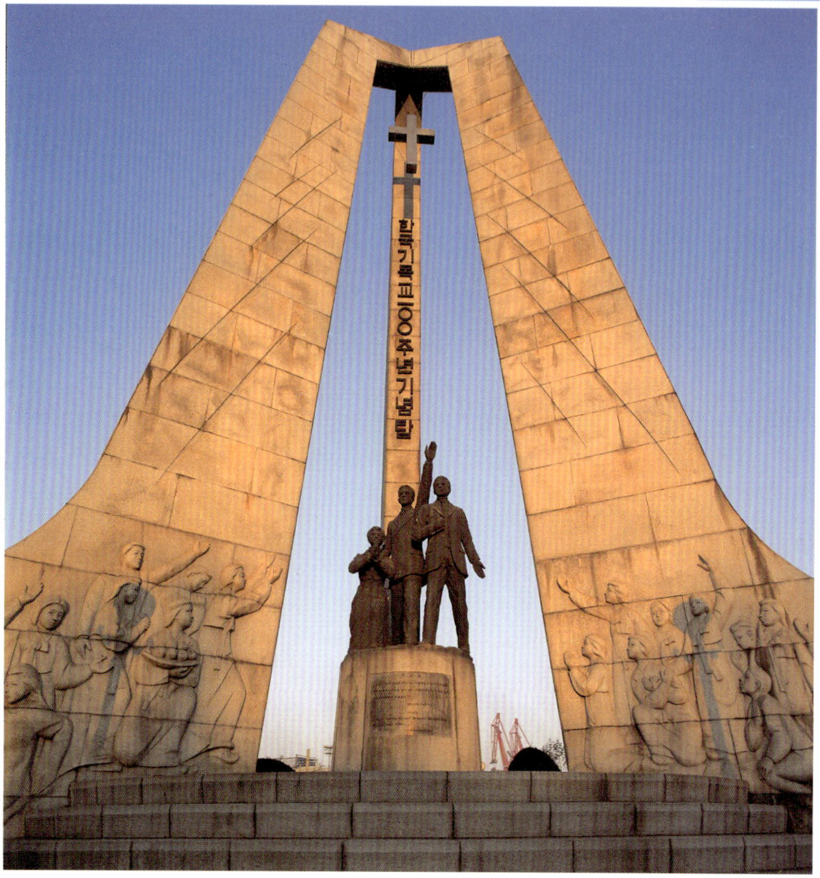

인천(제물포)은 한국근대사에 있어서 조선의 관문이었다. 1884년 이 땅에 처음으로 들어왔던 알렌 선교사도 이곳을 통해 입국했으며, 1885년 언더우드와 아펜젤러 선교사도 이곳을 통해 입국했다. 당시 선교사들은 이 땅에 들어올 때 가장 무서워한 것이 질병이었다. 따라서 이들은 가능하다면 배편을 이용하여 이동하려고 했다. 일본에서 출발하여 부산항에 도착했어도 다시 제물포를 이용하여 서울로 온 이유가 여기에 있다. 그만큼 인천은 한국기독교의 출발점이라고 해도 좋을 것이다. 언더우드 선교사와 함께 제물포에 도착한 아펜젤러 선교사는 배에서 내리자마자 무릎을 꿇고 이렇게 기도했다고 한다.

"우리는 부활주일에 여기에 왔습니다. 이 날에 죽음의 철장을 부수신 주님께서 이 백성을 얽매고 있는 줄을 끊으시고 그들에게 하나님의 자녀들이 얻는 빛과 자유를 누리게 하소서."

한국기독교100주년기념탑은 1885년 4월 5일 언더우드 선교사와 아펜젤러 선교사가 입국한 것을 기념하기 위해 세워졌다.

찾아가는 길

전철 1호선 제물포역에서 하차하여 해안도로 방향으로 가다 보면 만날 수 있다.

생각하기

1. 하나님께서 우리나라에 선교사를 보내신 이유를 생각해보자.

2. 언더우드와 아펜젤러 선교사가 여러 면에서 동역했음을 기억하며 교회일치를 위해 우리가 어떤 자세를 가져야 할지 생각해보자.

인천 내리감리교회 \ 인천시 중구 동인천동 29번지, 032-762-7771

내리교회의 기원에 대해서는 학자들 간에 의견이 분분하다. 1885년에 설립되었다는 주장도 있고, 1886년에 설립되었다는 주장도 있다. 여기에서는 내리교회의 주장을 중심으로 소개하려고 한다. 내리교회의 주장에 의하면 1885년 7월 19일 창립된 한국의 모교회라고 한다. 내리교회는 아펜젤러가 우리나라에 입국하여 처음으로 예배드렸던 곳에 아펜젤러 선교사가 설립한 교회라고 주장한다. 또한 내리교회는 인천을 비롯한 인근지역에 널리 복음을 전파한 교회이기도 하다. 영화학교를 설립하여 민족개화에 앞장서기도 했다. 신학회를 조직하여 인물을 키우기도 했고, 하와이 이민회사를 설립하여 당시 가난에 굶주리던 백성들을 도왔으며 해외선교에도 힘쓴 귀한 교회다. 성지순례는 건물만 보러가는 것이 아니다. 그곳에 가서 선진들의 신앙 이야기를 들을 수 있어야 한다.

찾아가는 길

지하철 동인천역에서 하차하여 길 건너 동인천 지하상가 오른편 골목길 안으로 들어가면 이내 찾을 수 있다.

생각하기

1. 내리교회가 한국에 설립된 최초의 교회라는 주장을 어떻게 생각하는가?

2. 내리교회가 하와이 이민회사를 설립했던 이유를 생각해보자.

인천광역시 동구 우각로 44 T. 032)764-5131 \ **영화초등학교** 경기도

한국 최초의 사립학교. 역사적인 인천 개항 이후 배재학당 교사로 활동하고 있던 조원시 목사가 부인 미국인 죤스 선교사와 함께 인천지역 선교를 담당하면서 한국 최초의 신학회를 조직하였고, 이를 계기로 1903년 개교한 국내 최초의 사립 초등교육기관이 되었다. 민족지도자 하상훈, 여성지도자 김활란, 손기정 선수 가슴에서 일장기를 지워버린 동아일보 기자 이길용, 유아교육의 개척자 서은숙, 영화배우 황정순 씨 등이 이 학교 출신이다. 하나님의 복음을 전파하고 새로운 학문을 배우고 나라와 민족을 사랑하고 세계 평화와 인류 공영에 이바지하는 성실 유능한 인재를 육성하기 위하여 설립되었다.

찾아가는 길 가좌IC 동인천역 방향으로 가다가 송림오거리에서 동구청 세무서 부근

최용신기념관 \ 경기도 안산시 본오동 897-4

최용신 기념관은 경기도 안산에 위치하고 있다. 최용신 하면 심훈의 『상록수』의 주인공 채영신의 실제 인물로 널리 알려져 있다. 최용신은 1909년 함경남도 원산에서 태어나 루씨고등학교를 나와 협성신학교를 다녔다. 졸업을 1년 앞둔 1931년 10월 최용신은 농촌운동을 위해 샘골마을로 내려왔다. 『최용신양의 생애』를 저술한 류달영도 최용신 양을 '농촌계몽의 선구자'로 소개하고 있다. 그렇다면 최용신 양으로 하여금 농촌운동을 펼치게 했던 원동력은 어디에서 비롯된 것일까? 류달영 교수가 저술한 『최용신양의 생애』를 보면 여기에 대한 답을 쉽게 얻을 수 있다. 최용신 양은 새벽기도의 사람이었다. 그녀가 농촌을 위해 헌신할 수 있었던 배경에는 새벽마다 하나님의 도우심을 간구하던 신앙이 자리 잡고 있다. 그럼에도 그녀는 자신이 기독교인임을 드러내지 않았다고 한다. 입술로만 찬양하고, 입술로만 사랑을 외치는 그런 신앙인이 아니었다. 최용신 기념관을 찾아간다면 기념관 근처에 있는 그녀의 묘소에서는, 그녀의 인간적 사랑을 볼 수 있으며 100여년의 역사를 지닌 샘골교회도 함께 들러볼 것을 권한다.

찾아가는 길

지하철 4호선을 이용하여 상록수역에서 하차하여 근처에 있는 상록수 공원으로 가면 된다.

생각하기

1. 최용신 양은 왜 신학교 졸업을 1년 앞두고 샘골마을로 들어갔다고 생각하는가?

2. 새벽기도에 열심이었던 그녀는 왜 자신이 기독교인이라는 사실을 드러내려고 하지 않았을까. 이 시대의 기독교인들과 비교해보라.

강화도를 이루는 섬 중에 섬인 교동에 처음으로 복음을 전한 사람은 강화도 홍의교회 교인인 권신일, 권혜일 부자였다. 특히 권신일은 교동으로 아내와 함께 들어가 초가 한 채를 구입하여 살림집 겸 예배처로 삼고 교동지역을 다니며 복음을 전했다. 워낙 주민들의 반대가 심해 교회를 설립하는 일이 쉽지 않았지만 결국 교동군수가 동의하자 많은 사람들이 교회에 나오기 시작했다. 교회가 성장하기 시작하자 1904

년에는 교회 옆에 동화학교도 세웠다. 1933년 교회를 상룡리로 옮겼기 때문에 현재 교동교회는 폐허로 변했다. 당시에 지은 예배당이 지금도 남아 있는데 변한 것은 초가지붕이 양철지붕으로 바뀌어 있을 뿐이다. 전해오는 이야기에 의하면 상룡리에서 제일 먼저 신자가 된 사람은 박성대인데 그의 할아버지가 토마스 선교사를 만났다는 것이다. 토마스 선교사가 항해중 물이 떨어져 교동에 내렸을 때 극진

히 대접했다고 한다. 아버지 박기완은 교동 일대의 최고 부자여서 흉년 때마다 주민들을 먹여 살렸는데 아들 박성대가 예수를 믿겠다고 하자 "야소교를 믿으려면 차라리 목숨을 끊으라."고 칼을 주었지만 아들의 고집을 이기지 못하고 함께 교동교회를 다니다 교동교회가 어려움을 겪자 땅을 기증하여 상룡교회가 설립된 것이다. 그러나 교회가 설립된 지 얼마 되지 않아 박성대, 박형남 부자는 그만 죽고 말았다. 그러나 이들 가문은 낙심하지 않고 박형남의 동생 박이남과 박기만이 계속해서 교회를 충성스럽게 지켰다. 박기만의 아들 박두성은 '맹인들의 세종대왕'으로 불린다. 그는 시력을 잃어가면서 까지 점자를 만든 분이기 때문이다. 평생 맹인교육에 헌신하면서 1926년 한글 점자를 창제하였다. 상룡교회를 가면 반드시 박두성의 생가도 보고 와야 한다.

찾아가는 길
강화대교를 건너 창후리 포구로 가 교동으로 들어가는 배를 타야 한다. 교동에 들어가 상룡리에 가면 상룡교회와 박두성 생가를 볼 수 있다.

생각하기

1. 자신의 시력을 잃으면서까지 한글 점자를 창제한 박두성의 신앙에 대해 생각해보자.

2. 하나님의 사람을 대접하면 누가 기뻐할지 생각해보자.

교산교회 \ 인천시 강화군 양사면 교산1리 201번지, 032-932-5518

강화도 사람들에게 있어서 미국은 침략자 일 뿐이었다. 그러니 미국 선교사들이 전하는 복음을 들으려고 하지 않았다. 강화도에 감리교 선교를 제일 먼저 시작한 선교사는 인천 내리교회 존스(G. H. Jones, 趙元時)에 의해서다. 이들은 강화도 사람들이 워낙 미국 선교사들에 대한 반감이 강하자 계를 조직하여 복음전도를 계획하기도 했으나 계조직이 실패하고 많은 사람

이 떠났다. 결국 이승환이라고 하는 술장사하던 한 사람만 남았다. 그는 어머니보다 먼저 세례받을 수 없다고 하여 나중에 그는 존스 선교사님을 몰래 강화도로 모시고 가 배안에서 어머니로 하여금 세례를 받게 했다. 이것이 그 유명한 '선상세례'요 어머니는 '강화선교의 겨자씨'가 되었다. 이 일 후 인천에 거주하며 내리교회를 출석하던 이승환은 강화로 들어가 교산교

회의 초기 성도가 되었다. 강화 교산교회는 1893년에 설립되었다. 현재 강화도에는 성공회와 감리교회가 많은데 강화도 감리교회의 시작이었다. 이승환은 후에 권사가 되어 강화도 여러 지역에 복음을 전했다. 강화도 감리교회 순례는 눈으로 하는 것이 아니라 귀로 하는 것이다.

찾아가는 길

강화대교를 건너 서쪽방향으로 가면 하점면을 거쳐 인화리 방향으로 가다가 우측으로 갈라지는 철산리, 덕산리 방향으로 가면 된다. '강화 교산교회'라는 안내표지판을 만나게 될 것이다.

생각하기

1. 강화도에 복음을 전한 이승환의 기도와 눈물이 거둔 열매는 무엇인지 생각해보자.

2. 어머니보다 먼저 세례를 받을 수 없다고 선교사를 모시고 와 밤에 배에서 세례를 받게 한 그의 효성도 생각해보자.

1893년 봄 강화도에 코프(C. J. Corfe) 주교가 갑곶에 거점을 마련하면서 성공회는 1890년 9월 우리나라에 전래되었다. 같은 해 워너(L. O. Warner) 신부가 파송되어 본격적으로 강화 선교가 시작되었다. 강화성당은 1900년 트롤로프 주교가 설계하고 감독하여 건축되었다. 경복궁 공사에 참여했던 대궐 목수가 시공하였고 백두산에서 운반해 온 적송과 기와와 석재는 강화도의 것이 사용되었다. 제대, 세례대, 축대 등 돌 공사는 중국인 석공이 맡았다. 1900년 11월 15일 성 베드로와 성 바오로 성당으로 축성되었는데 1914년, 1936년, 1949년, 1984년에 보수공사가 있었다. 성당이 위치한 자리는 강화읍 시내를 한눈에 볼 수 있는 곳으로 몽골군 대가 침략했을 때 그들에게 항쟁하기 위하여 성을 쌓았던 곳이기도 하다. 성당의 내부구조는 입구인 앞툇간, 회중석, 지성소, 소제대, 제대, 예복실로 구성되어 있으며 성수대도 있다. 2001년 1월 4일 국가 사적 424호로 지정되었다.

찾아가는 길

강화대교를 건너 강화읍내로 들어가다 보면 오른쪽으로 강화시내를 감싸고 있는 견자산이 보인다. 가까이 다가가면 '고려 궁터', '용흥궁'이라는 안내 표지판이 보인다. 그 근처에 성공회 강화성당이 있다.

생각하기

1. 나라가 어려울 때 끝까지 항쟁했던 강화도에 복음을 허락하신 하나님의 뜻이 무엇인지 생각해보자.

2. 한국식으로 성당을 건축한 의미가 무엇인지 생각해보자.

성공회 온수리성당 \ 인천시 강화읍 길상면 온수리 505번지, 032-937-0005

강화읍 길상면에 위치해 있는 온수리 성공회 성당(문화재 자료 제15호)은 1906년 영국인 주교 조마가(Mark N. Trollope)가 지은 성당으로 동서 절충식 강당형 건물이다. 정면 3칸, 측면 9칸으로 용마루 양 끝에 십자가를 장식하였기에 교회 건물임을 알 수 있다. 온수리 성당은 시장 중심에서 약간 벗어난 구릉지에 있는데 100년의 세월을 무색케 할 정도로 깨끗하고 수수한 우리 관아 아니면 궁궐의 일부 건물 같이 보인다. 건물 높이는 그리 높지 않고, 정면 옆 출입문은 항상 열려 있어 드르륵 밀고 들어서면 된다. 이 건물은 새 성당을 건축하면서 함께 원형 복원을 하였다. 안으로 들어서면 방문 같은 쪼자 미닫이문이 닫쳐 있는데 조심스럽게 열면 예배실 내부가 한눈에 들어온다. 좌우로 크게 3부분으로 나뉘어 있고 전면은 집례하는 공간으로 쓰이고 있는데 더 안쪽으로는 집례 준비를 위한 공간으로 구별하여 문을 닫아 놓았다. 내부가 그리 넓지도 않은데 가운데 두 줄로 네모난 고주(기둥)를 두어 지붕의 무게를 분산시켰다. 대문은 얼마 전까지도 벽체가 회벽으로 되어 있었는데 지금은 모두 털어내고 원형대로 창살로 고쳤다. 속이 환하게 보이는 입구에는 문은 없고 양옆으로 창고를 만들어 이용할 수 있도록 하였다. 강화 온수리 성공회 사제관은 문화재 자료 제15호로 지정되었다.

찾아가는 길

강화대교를 건너 '전등사' 안내표지판만 보고 달리다 보면 냉정리, 두운리를 지나 문고개를 넘으면 길상면이다. 온수리 성당은 길가에 가까이 있으나 길에서는 잘 보이지 않는다. 여행은 물으며 하는 법이다. 온수리에 가서 묻는 것이 상책이다.

생각하기

1. 이토록 소박하고 토속적인 성당을 건축한 신자들의 교회는 어떤 교회였을까를 생각해보자.

인천시 옹진군 백령면 연화리 308번지, 032-836-0388 \ **백령기독교역사관**　경기도

중화동교회는 1898년에 설립되었다. 백령도 진의 첨사 자문역으로 참사 벼슬을 지냈던 허득이 복음의 씨앗을 받고 그 곳에 유배 되어온 김성진, 황학성, 장지영 등과 함께 한학서당에 중화동교회를 설립하게 되었다. 조선인들에 의해 자발적으로 중화동 교회가 세워졌다는데 큰 의의를 찾을 수 있다. 백령도는 빼어난 자연 경관을 자랑하는 관광지로 '백령 기독교 역사관'을 비롯하여 허득 참사 기념비 등 여러 선교 유적지가 잘 보존되어져 있고, 심청전의 인당수가 가까이 있어 심청이의 유적지이기도 하다. 특히 백령 기독교 역사관은 군비를 들여 지어진 역사박물관으로 백령도 주민들이 자랑스러워하는 유적지이다. 1884년 황해도 송천에 소래교회를 세운 서경조 형제가 1898년 중화동교회 설립예배에 참석하여 예배를 인도했던 것도 소중한 역사다. 백령도는 중화동교회를 중심으로 기독교가 급속하게 발전하게 됐으며, 지금은 해병대 백령교회 등 군부대교회를 비롯하여 10개 교회가 백령도 복음화에 힘쓰고 있다.

찾아가는 길

백령도를 가려면 인천 부두에서 배편을 이용해야 한다. 청해해진해운에서 운행하는 배로 4시간 소요된다 (032-889-7800). 오전 8시에 출발한다.

생각하기

1. 백령도에 복음을 전한 이들의 신앙을 생각해보자.

2. '백령기독교역사관'을 건립한 성도들의 의지를 생각해보자.

소래교회 \ 경기도 용인시 처인구 제일리 산 41-11, 031-679-1700

한국 최초의 교회가 어느 교회인가에 대해서는 학자들 간의 의견이 분분하다. 소래 (솔내, 松川)교회라고 주장하는 학자들도 있고, 새문안교회라고 주장하는 학자들도 있다. 전자라고 주장하는 이들은 제일 먼저 시작된 교회이기 때문이라고 주장하고, 후자를 주장하는 이들은 조직교회로는 새문안교회가 한국 최초의 교회이기 때문이라고 주장하고 있다. 1988년 양지에 소재

한 총신대학교 신학대학원 교정 안에 소래교회(송천교회)를 복원하였다. 현재 복원돼 있는 소래교회는 처음 세워졌던 교회의 모습이 아니다. 1883년 5월 16일 창립되던 당시 소래교회는 자그마한 초가집이었다. 교인이 증가하자 1896년 6월에 현재 복원돼 있는 기와가 교회당의 모습으로 새롭게 건축되었다. 이것을 그대로 복원한 것이다. 무엇보다 소래교회는 자생적 토착

교회라는 점에서 의미가 크다. 초기 한국 기독교의 확산과 복음 전파에 큰 공로는 초기 기독교의 틀을 닦는 데 헌신한 선교사들의 몫이겠지만, 본격적인 선교가 시작되기 전 이미 한국인들만의 힘으로 세워진 교회가 존재했다는 것은 남다른 의미를 갖는다. 소래교회는 의주 출신으로 일찍 복음을 영접한 서상륜과 서경조 형제에 의해 1883년 5월 16일에 설립되었다.

찾아가는 길
영동고속도로를 이용하여 양지 나들목으로 나가면 안내표지판이 있다. 나들목에서 약 1.5Km 정도 가면 된다.

생각하기
1. 소래교회를 설립한 서상륜과 서경조에 대해 생각해보자.

2. 서상륜은 로스 선교사를 도와 성경을 번역했을 뿐만 아니라 성경 반포하는 일에도 최선을 다했던 사람이다. 한국 교회의 성장과 성경의 상관 관계를 생각해보자.

한국기독교순교자기념관 2/2 \ 경기도 용인시 양지면 추계리 산 84-1번지, 031-336-2825

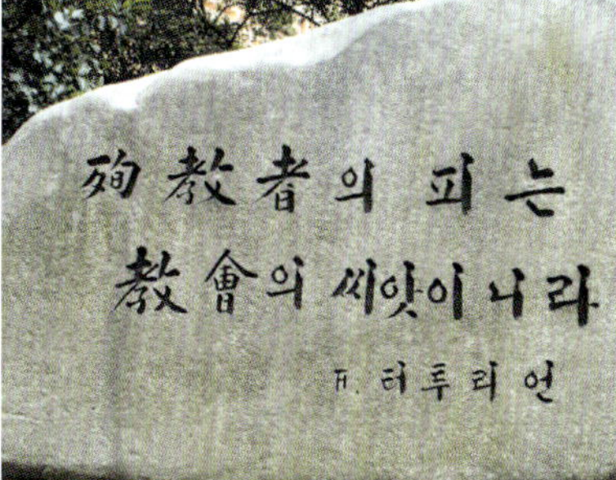

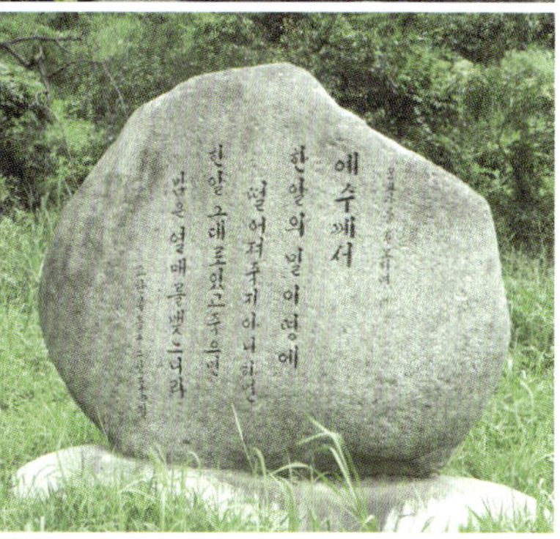

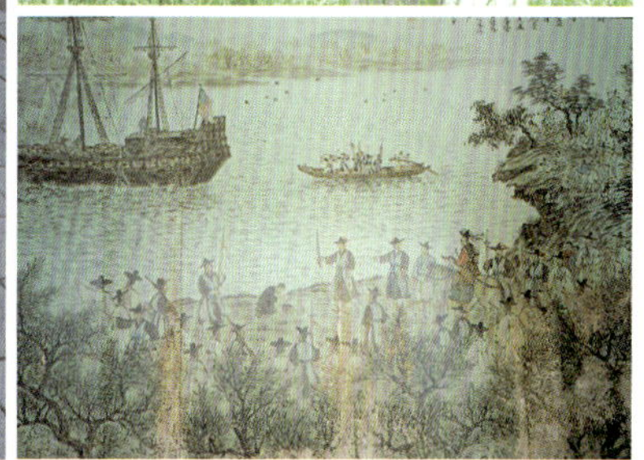

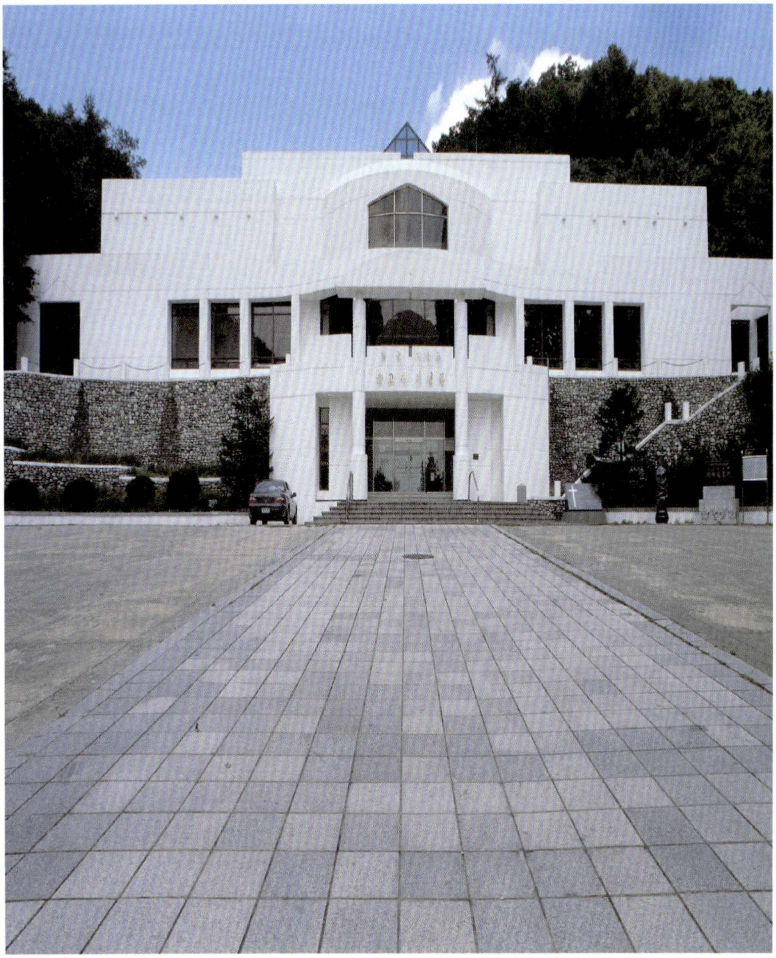

한국기독교순교자기념관은 한국 교회를 위해 순교한 신앙과 정신을 기리기 위해 1989년 11월 18일에 개관되었다. 죽음 앞에서도 복음을 위해 신앙절개를 꺾지 않은 189명의 순교자들의 영정과 유품들을 전시하고 있다. 견디기 힘든 열악한 조건에서도 순결한 믿음을 지켜내려고 몸부림쳤던 순교자들은 영웅적인 사람도, 대담하지도 않은 지극히 평범한 사람들이었지만 그리스도만을 높이리라는 믿음으로 죽음의 잔을 기쁨으로 받아 마셨다. 결코 이름을 나타내려 하거나 보상을 생각해 본 적도 없었다. 다만, 그렇게 사는 것이 하나님이 기뻐하시는 일이었기에 고난을 고난으로 여기지도 않았다. 한국기독교순교자기념관은 영락교회 정이숙 권사가 10만평의 땅을 기증하면서 설립하게 되었다. 이곳에는 200명이 넘는 순교자의 유품이 보관되어 있다.

찾아가는 길

영동고속도로 양지 나들목으로 나가 이천 방향으로 좌회전하여 42번 국도로 4km 정도 가면 동일주유소와 선일자동냉장을 지나자마자 신호를 받아 좌회전하여 2km정도를 가면 찾을 수 있다.

생각하기

1. 죽음 앞에서도 신앙을 지킬 수 있었던 그 힘은 어디로부터 온 것이라고 생각하는가?

2. 국립묘지에 묻힌 순국자들을 대우하는 모습과 순교자를 대우하는 교회의 자세를 비교해보자.

경기도 이천시 대월면 초지1리 474-2번지, 031-632-1391 \ **한국기독교역사박물관**　경기도

한국기독교역사박물관은 2001년 11월 30일 기독교문사가 경기도 이천시 대월면 초지리에 개관한 기독교 전문박물관이다. 한영제 장로가 출판사를 운영하며 모은 그리스도교 문서 10만여 점을 기독교문사 내의 향산기독교역사자료실에서 보관해 오다가 새로 박물관을 건립하여 이관 전시하고 있다. 지상 2층, 지하 1층 규모로 전시실과 자료실·세미나실로 이루어져 있다. 1층 전시실은 개관기념으로 '기독교와 한글 전시회'를 여는 등 그리스도교 문서에 대한 기획전시회를 개최하는 곳이다. 지하 1층의 자료실은 수천여 권의 도서자료가 전시되어 있고, 2층의 세미나실은 각종 프로그램과 강의 등이 진행되는 공간이다. 소장자료 중에는 1884년 일본에서 개신교 신자가 된 이수정이 한문 성경에 이두로 토를 달아 펴낸 《신약성서 마태전》, 1887년 언더우드·아펜젤러가 공동으로 번역하여 간행한 《마가의 전한 복음셔 언해》등은 희귀본으로 손꼽힌다. 또 프랑스의 꼬스뜨 신부가 저술한 《한국어문법》(1881년), 언더우드와 게일 등이 공동 편찬한 《한영사전》(1894년)과 《한영문법》(1915년), 장로교 주간 한글신문 〈그리스도신문〉(1897년)과 감리교 주간 한글신문 〈대한크리스도인 회보〉(1897년) 등 한국교회 초기 신문, 최초의 여성 전문잡지 《가뎡잡지》, 현존하는 최고의 서양식 달력(1910년), 주시경의 《월남망국사》(1908년), 《말의 소리》(1914년) 등 한글학자들이 쓴 책 등 희귀본이 있다.

찾아가는 길

영동고속도로를 이용하여 이천 나들목으로 나가 장호원 방향으로 진행한다. 하이닉스반도체(구 현대 전자)→영동교속도로 굴다리 밑 직진→ 대월 삼거리 대월, 모가 방향 우회전→ 큰 길 따라 직진(약 3km)→ 한국기독교역사박물관 표지판 → 한국기독교역사박물관 도착

생각하기

1. 한국기독교역사박물관을 설립한 한영제 장로에 대해 이야기해보자.
2. 한 분야를 정하고 정진하면 얼마나 큰 일을 할 수 있는지 생각해보자.

제암리교회 \ 경기도 화성군 향남면 제암리 산 16번지, 031-353-0031

제암리교회는 1905년 설립되었다. 이 동네 출신인 안종후가 아펜젤러 선교사의 전도를 받고 자신의 집에서 시작한 교회다. 1911년 신자들이 늘어나자 8칸짜리 초가 예배당을 마련하였다. 그러나 아직 정주하는 목회자가 없어 인근에 있는 수촌리교회, 남양교회 목회자들이 순회하며 교회를 돌보았다. 제암리교회가 한국교회에 널리 알려진 계기는 3. 1운동 때문이다. 3. 1운동이 일어나자 제암리교회 신자들도 3월 15일부터 밤마다 뒷산에 올라 봉화를 밝히고 만세시위를 계속했다. 3월 31일과 4월 5일에는 발안 장터까지 진출하여 만세시위운동을 벌였다. 이때 일본 경찰과 충돌이 있었고, 일본 순사가 사망하자 일본 경찰들이 참혹한 제암리사건을 일으키게 되었다. 이들은 4월 15일 거짓말을 하여 주민들을 예배당으로 모이게 하고는 무차별 사격을 가하고, 석유를 뿌려 불을 질러 제암리교회 신자만 23명이 죽었다. 이 중에 남자 신자가 21명이었다. 그리고 이웃 동네인 고수리에서도 6명이 죽임을 당해 총 29명이 죽임을 당했다. 제암리교회에 가면 이승만 대통령의 친필로 세운 순국기념탑이 서 있다. 또한 당시의 참혹상을 볼 수 있는 3. 1운동 순국기념관이 건립되어 있다.

찾아가는 길

서해안고속도로를 이용하여 발안 나들목으로 나가 좌회전 하면 바로 제암리교회를 찾을 수 있다. 국도를 이용할 경우 수원에서 발안 방향으로 43번 국도를 이용하여 가다가 남양호 방향의 302번 지방도로로 들어서서 약 1. 5Km쯤 가면 제암리교회가 보인다.

생각하기

1. 기독교 신앙과 나라사랑에는 어떤 관계가 있는지 생각해보자.

2. 3. 1운동 당시 '만세 부르다 망한 동네', '예수 믿다 망한 집안' 이라는 수모를 당하면서도 신앙을 지킨 이들의 모습을 생각해보자.

수촌교회는 1905년 김응태의 인도로 정창하의 집에서 7명이 모여 예배를 드림으로 시작되었다. 1907년 초가(草家) 15칸을 매입, 예배당으로 사용해 오다가 1919년 3.1운동 당시 만세사건으로 일본 경찰이 마을 전체를 방화했을 때 전소되었다.

그러나 1922년 4월 노블 선교사를 비롯한 많은 신자들의 협조로 8칸의 초가 예배당을 새롭게 건축하여 예배드리다 1932년 1월 이곳 수촌리(水村理)로 이전, 현 교회의 위치가 되었다. 본당 좌측에 있는 초가예배당은 방화사건 때 불타 없어

진 초가예배당에 비하면 그 규모가 절반도 되지 않지만 기도하며 태극기를 그렸던 당시 성도들의 나라사랑을 느끼기에 충분하다. 화성시에서는 수촌교회를 향토유적 제9호로 지정했다.

찾아가는 길

서해안고속도로를 이용하여 발안 나들목으로 나가 오른쪽으로 가면 10분 안에 찾아갈 수 있다.

생각하기

1. 3. 1운동 당시 독립운동에 앞장섰던 기독교인들은 이러한 가르침을 어디에서 배웠을지 생각해보자.

협성대학교 \ 경기도 화성시 봉담읍 14, 031-299-0900

협성대학교는 기독교 대한감리회 총리원 이사회 실행부가 1977년 2월 7일 '감리교 서울신학교' 설립을 결의함으로써 시작되었다. 상동교회를 학교 건물로 사용하다가 1977년 4월 1일 감리교 서울신학교로 개교하였다. 1982년 3월 기독교 대한감리회는 연회별로 설치된 6개 신학교를 '감리교 협성신학교'로 통합하기로 결의하였다. 이에 따라 경기도 남양주 군에 교사를 신축하여 개교하였다. 이어 1988년 12월 31일 봉담 캠퍼스로 교사를 이전하였고, 1991년 11월 15일 '협성신학대학'으로 개명인가를 받았다. 1993년 2월 22일에는 '협성신학대학교'로 명칭을 변경하였고, 1994년 9월 1일 '협성대학교'로 개명하여 오늘에 이르고 있다.

찾아가는 길

지하철을 이용하여 수원역에서 하차하여 버스를 이용하거나 서해안고속도로를 이용하여 비봉 나들목으로 나가 98번 국도를 이용하여 수원방향으로 가다가 43번 국도를 이용하여 찾아갈 수 있다.

경기도 오산시 양산동 411, 031-370-6500 \ **한신대학교**   경기도

한신대학교는 1940년 설립자 김대현에 의해 '조선신학교'라는 이름으로 시작되었다. 1951년에 '한국신학대학'으로 교명을 변경했다. 한신대학교는 진보와 실천이라는 학풍으로 유명하다. 김재준 목사, 장준하 선생, 문익환 목사 등이 한신대학교 출신이다. 한국현대사에서, 특히 민주화와 관련하여서는 한신대학교를 제외하고 말하기 어려울 정도로 한국의 민주화와 인권 분야에서는 큰 족적을 남겼다.

찾아가는 길 지하철 1호선을 이용하여 병점역에서 하차하면 찾을 수 있다. (신학대학원은 서울 수유리에 위치하고 있다.)

서울신학대학교 \ 경기도 부천시 소사구 소사본2동, 032-340-9114

한국에서 성결교회는 1907년이다. 김상준, 정빈이라는 두 사람이 일본 동경성서학원을 졸업하고 귀국하여 '동양선교회 복음전도관'이라는 이름으로 시작되었다. 성결교회는 출발부터 사중복음이라고 해서 중생, 성결, 신유, 재림의 4대 표제를 표방했다. 서울신학대학교는 1911년 동양선교회에서 서울 무교동에 '성서학원'으로 출발하였고 초대 원장으로는 존 토마스(John Tomas)였다. 1921년 충정로로 교사를 이전하였다. 아현성결교회 구내에 당시의 건물 일부가 남아 있으나 새로운 예배당 건축계획에 의해 허물어질 위기에 처해 있다. 서울신학대학교는 1940년 5월 전문학교로 인가되어 4년제 경성신학교로 개편하였으나, 1943년 신사참배 거부와 재림교리의 주장으로 일제의 탄압을 받고 폐교되었다. 1959년 서울신학대학으로 승격하고 초대학장에 이명직이 취임하였다. 예수교대한성결교회의 김응조 목사와 기독교대한성결교회의 이명직 목사는 한국성결교회의 두 거목으로 비유되고 있다. 서울신학대학교는 1974년 현 위치로 교사를 이전하였으며, 1992년 서울신학대학교로 교명을 변경하였다. 서울신학대학교가 속해 있는 기독교대한성결교회 총회는 예수교대한성결교회와 통합을 추진하고 있다.

찾아가는 길　1호선 전철을 이용하여 소사역(남부역)에서 하차하여 700미터쯤 가면 된다.

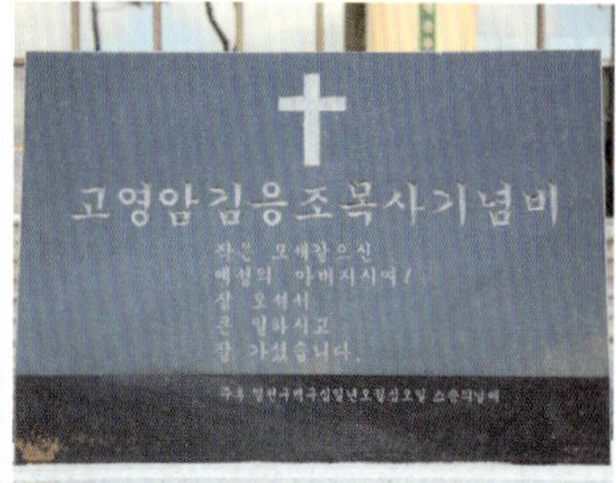

성결대학교는 1962년 9월 서울 서대문구 충정로에서 개교되었다. 설립자는 김응조 박사이다. 영암 김응조 박사는 일관되게 보수적인 신앙을 유지한 분으로 유명하다.

한국성결교회가 분열한 것은 1960년 4월이다. 신학노선에 따라 기성과 예성으로 나뉘자 김응조 박사는 예성을 이끌며 성결대학교를 설립한 것이다. 김응조 박사가 없는 성결대학교는 상상할 수 없다. 그만큼 성결대학교는 지금도 김응조 박사의 영향을 강하게 받고 있다. 안양으로 교사를 옮긴 것은 1975년이다.

찾아가는 길
지하철 1호선을 이용하여 명학역(성결대앞역)에서 하차하여 찾아가면 된다.

강원도
철원감리교회 66
장흥교회 67
대한수도원 68
춘천중앙교회 69
예수원 70
한서 남궁억기념관 71
천곡교회 72

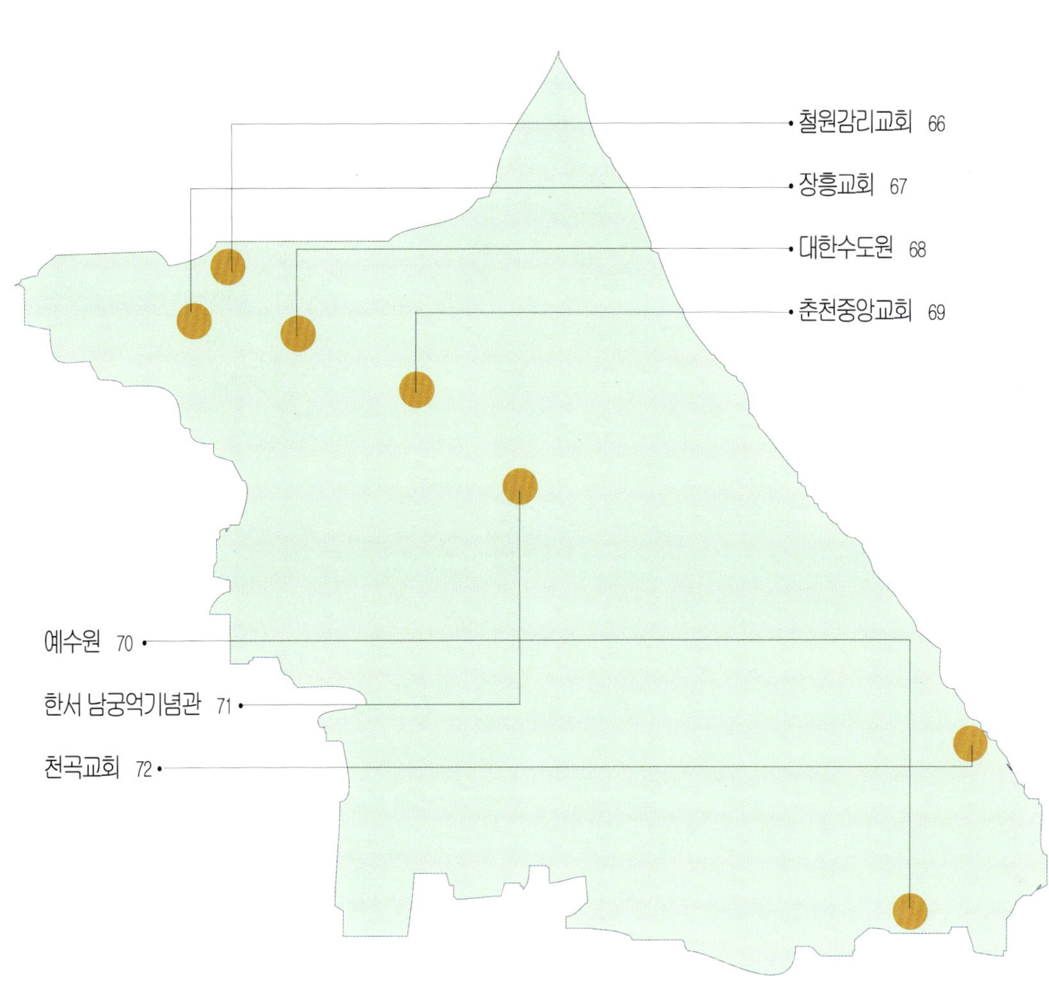

강원도 철원군 철원읍 관전리 100-2외 2필지, 033-450-5365 \ **철원감리교회** 강원도

철원 제일감리교회는 철원지역에 제일 먼저 설립된 교회다. 지금은 폐허로 남아 있지만 분단의 아픔을 간직하고 있어 방문하는 이들로 하여금 전쟁의 참화를 느끼게 한다. 첫 예배당은 1920년 붉은 벽돌로 건축했으나 현재 일부 남아 있는 예배당은 1936년에 지하 1층 지상 3층 규모의 화산석과 화강석을 쌓아 만든 석축건물이다.

예배당은 일본 오사카예술대학 건축과에서 1905년 이래 가르치던 미국 건축가 보리스에 의해 설계되었고 등록문화재 32호이다. 당시만 하더라도 교인이 500여명에 이를 정도로 큰 교회였으나 한국전쟁 이후 문을 닫게 되었다. 철원 제일감리교회는 1919년 3.1운동 당시, 강원도에서 최초로 독립운동을 벌였던 독립운동의 본거지이

기도하다. 한국전쟁 때는 공산치하에서 철원감리교회를 중심으로 기독교 청년학생들의 반공투쟁이 전개되기도 했다. 안타깝게도 전쟁 중 북한군의 수중에 들어가 인민군들이 사용하는 가운데 반공투사들을 고문하는 장소로 사용되기도 했다.

찾아가는 길

철원으로 가서 464번 지방도로를 이용하여 안보관광코스로 유명한 월정리역, 전망대 방향으로 가다보면 민통선 500미터쯤 전방에 철원 제일감리교회가 보인다.

생각하기

1. 철원지역에 최초로 설립된 교회가 폐허로 남아 있다는 사실에서 무엇을 느끼는가?

2. 공산당원들이 예배당을 양민과 반공투사들의 고문장소로 사용했다는 사실에서 무엇을 느끼는가?

장흥교회 \ 강원도 철원군 동송읍 장흥리 577번지, 033-455-3205

장흥교회는 철원 제일감리교회에 이어 철원지역에서 두 번째로 설립된 교회다. 해방직후 교회 청년들이 철원 애국단을 조직하여 반공투쟁을 전개하다 희생된 곳이며 순국 기념비가 있다. 교회당 왼편에 서기훈 목사 순교비가 있고 뒷동산에는 충혼탑이 있다. 이 탑은 전쟁 당시 공산당 활동에 앞장섰던 후손들이 사죄하는 뜻에서 세웠지만 이들은 자기 아버지와 할아버지의 이름도 새겨 넣었던 것이다. 제막식에서야 그 사실을 알게 된 마을 사람들은 그들 이름이 새겨진 부분만 떼어내고 비문 명단을 고쳤다고 한다. 어처구니없게도 냉전시대의 유물이 역사왜곡을 낳을 수 있다는 사실을 알려준 사건이었다. 장흥교회의 모교회는 철원제일교회다. 서기훈 목사는 장흥교회 담임자로서 반공활동의 전위대였던 대한청년단의 고문으로 70세의 나이에 공산군에 의해 순교하였다. 순교비 측면에 새겨진 한자 문구가 인상적이다.

'死於當死 非當死 生而求生 不是生'

"죽을 때를 당해서 죽는 것은 참 죽음이 아니요 살면서 생을 구하는 것은 참 생이 아니다."

찾아가는 길

서울에서 신철원까지 가서 물으면 이내 찾을 수 있다. 주님의 발자취를 따라가는 길은 물으며 가야 한다.

생각하기

1. 서기훈 목사의 신앙과 그의 순교비에 새겨진 문구를 중심으로 이야기해보자.

강원도 철원군 갈말읍 군탄리 707-6번지, 033-452-2594 \ **대한수도원**

대한수도원은 1940년 우리나라가 일제로부터 억압을 당하고 있을 때 나라를 살릴 수 있는 길은 오직 기도 외에는 없다고 여긴 철원 장흥교회 박경룡 목사를 중심으로 비밀리에 모여 기도하던 모임에서 비롯되었고 처음에는 조선기도원이라고 했다. 장흥교회는 철원지방 두번째 교회이지만 실질적으로는 철원에서 제일 오래된 교회다. 장흥교회와 대한수도원과의 관계는 밀접하다고 하겠다. 대한수도원의 2대 원장은 전진 전도사로 오늘의 대한수도원을 만들었다고 할 정도로 심혈을 기울였다. 이어서 그의 아들 최조영 목사가 3대 원장이 되어 수도원을 이끌다가 하나님의 부름을 받자 지금은 최조영 목사의 아내인 박명희 전도사가 4대 원장이 되어 수도원을 이끌고 있다. 대한수도원은 나라를 잃었을 때 기도로 나라를 구하고자 설립된 곳이다.

찾아가는 길

서울에서 포천까지 가서 운천 방향의 43번 국도로 가다보면 검문소를 만나게 된다. 갈림길에서 신철원 방향으로 들어서서 신철원까지 가면 한탄강변에 위치한 대한수도원을 만나게 된다.

생각하기

1. 나라를 잃었을 때 기도로 나라를 구하자고 나섰던 이들의 신앙을 생각해보자.

춘천중앙교회 \ 강원도 춘천시 퇴계동 202번지, 033-259-3000

호반의 도시 춘천에 처음으로 복음을 전한 선교부는 미국 남감리교 선교부다. 미 남감리교 선교부는 1897년 12월 강원도 선교를 결정하고 1898년 권서인 나봉식과 정동렬을 춘천에 파송하여 선교의 문을 열었다. 1900년께 춘천지역 20여개 마을에 40~160명의 구도자를 얻을 수 있었고 세례를 받으려는 성도들도 나왔다. 강원도 선교를 맡은 무스 선교사는 1900년 4월 강원도 지역을 순회하던 매서인들과 함께 춘천 시내에서 15리쯤 떨어진 퇴송골(현 석사동)에서 예배를 드리기 시작했다.

1902년 경기도 고랑포 출신인 이덕수가 춘천으로 이주하여 지역선교에 헌신했는데 이덕수는 지게에 성경책을 가득 지고 춘천 읍내로 들어가서 전도하여 춘천 읍내 봉의동에 4칸짜리 초가집을 마련하고 예배당으로 사용했다. 이것이 춘천중앙교회의 시작이다. 이덕수는 1909년 4월 과로로 폐결핵을 얻어 타계하기까지 강원도 전 지역을 순회하며 전도했고 이 결실로 얻어진 교회가 춘천중앙교회이다. 이덕수의 묘는 춘천중앙교회 묘역에 위치하고 있다.

찾아가는 길

서울에서 춘천시내로 들어서면 좌측으로 시외버스터미널이 보인다. 시외버스터미널을 지나자마자 사거리에서 우회전하여 700여 미터쯤 가면 고가도로가 보이는데 고가도로로 올라가지 말고 우측으로 들어가면 춘천중앙교회가 보인다. 구 예배당은 봉의산 남쪽 자락인 강원도청과 춘천시청 사이 골목 안에 위치하고 있다.

생각하기

1. 이덕수 전도사의 삶에 대해 생각해보자.

2. 교회가 성장한다고 낡은 예배당을 보존하지 않는 것을 어떻게 생각하는가?

강원도 태백시 하사미동 7번지, 033-552-0662 \ **예수원** 강원도

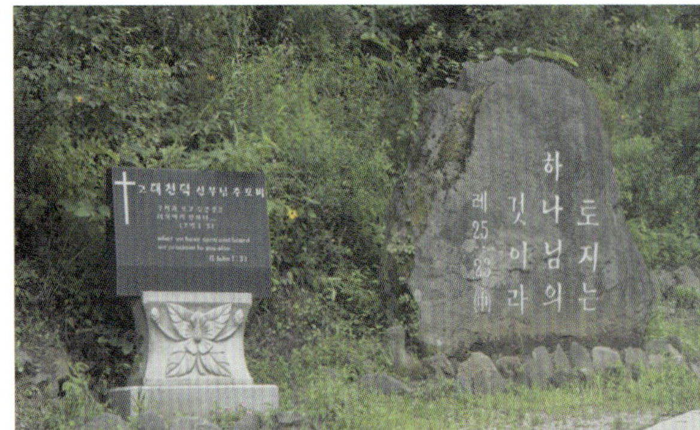

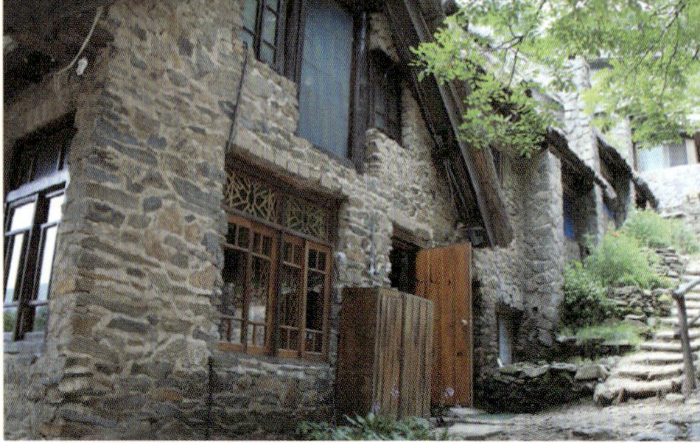

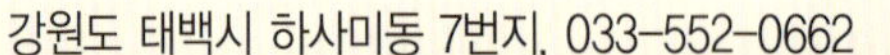

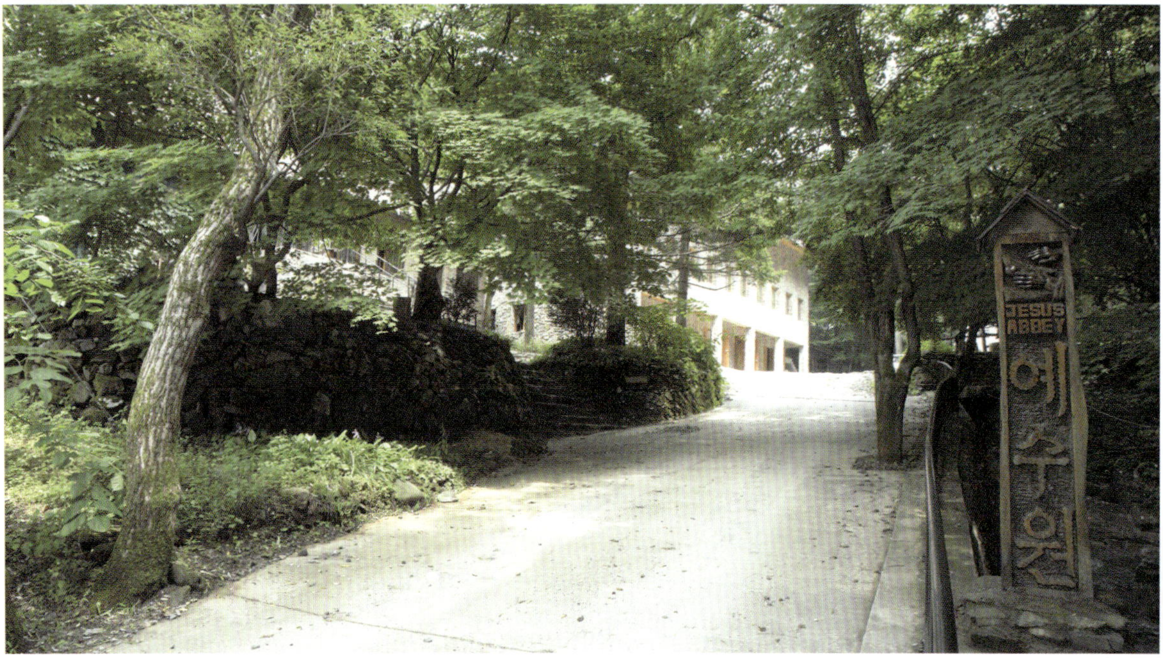

예수원은 대천덕 신부의 가족과 성미가엘 신학교 학생들, 그리고 항동교회 신자들과 건축노동자로서 함께 일하던 형제자매들에 의해 1965년에 설립되었다. 이들이 예수원을 설립한 이유는 세 가지다. 첫째는 노동과 기도의 삶을 영위하기 위해서다. 둘째는 '코이노이아' 로 설명할 수 있는 하나님과의 인격적인 관계, 신자 상호간의 관계, 기독교 공동체와 사회와의 올바른 관계 정립을 위해서다. 셋째는 성령의 인도하심을 따라 주어지는 역할을 충실하게 감당하기 위해서다. 이들의 추구하는 삶은 다음의 글로 표현되고 있다.

"노동하는 것이 기도요,
기도하는 것이 노동이다."

찾아가는 길

태백까지 가서 하장 방면으로 35번 국도로 가면 약 30분 정도의 시간이 소요된다.

생각하기

1. 노동과 기도를 동일하게 여긴 대천덕 신부의 가르침을 생각해보자.
2. '예수 천당' 이라는 노방전도방법과 노동자와 농민들에게 교회생활을 통하여 스스로 생계를 유지할 수 있도록 가르치는 예수원의 전도방법을 비교해보자.

한서 남궁억기념관 \ 강원도 홍천군 서면 모곡2리 387번지, 033-430-2656

홍천군 서면 모곡리에 가면 일제 강점시 누구보다도 뜨거운 가슴으로 나라사랑을 실천한 남궁억선생을 기리는 기념관과 예배당 및 묘소가 있다. 남궁억선생은 대표적인 개화파의 한사람으로 정치보다도 교육에 더 많은 관심을 갖고 있었으며, 민영환이 세운 흥화학교에서 개화사상과 애국정신을 가르쳤다. 독립협회에 가입하여 개혁운동에도 참여하였으나 독립협회운동이 실패로 돌아가자 남궁억은 언론계에 투신하게 된다. 독립신문을 편집한 경험을 살려서 황성신문 사장으로 취임한 남궁억은

1902년 일본이 러시아와 한반도 분할 안을 토의하는 것을 폭로하여 일제의 침략야욕을 백일하에 폭로하였다. 그 때문에 심한 고문을 받아 병약한 몸이 되었고 황성신문 사장직을 사임하였다. 1905년 을사조약이 체결되자 남궁억은 무엇보다도 자기 분수에 맞게 각자 할 일에 충실하는 것만이 살 길이라고 믿고 여성교육의 일선에 나서 무궁화를 통한 애국심 함양과 여권 신장에 온 힘을 기울였다. 그러나 이 때문에 그는 교단을 떠나야 했고 모곡리로 내려와 예배당을 짓고 주일학교를 시작하였

다. 남궁억 교장은 학교 뒤뜰에 무궁화 밭을 일구어 7만 그루나 되는 많은 무궁화 묘목을 길러 나누어주기 시작하였다. 그러나 남궁억의 외로운 민족운동은 1933년 무궁화 십자가당 사건으로 끝을 맺게 되었다. 모진 일본 경찰의 고문을 받아 병이 든 남궁억은 그 여독(餘毒)으로 1939년 77세를 일기로 한 많은 일생을 마감하였다. 그러나 그의 무궁화정신은 우리들 마음속에 살아남아 우리의 민족사와 영원히 함께 할 것이다.

찾아가는 길
서울에서 경춘가도를 이용하여 청평에서 다리를 건너 좌회전하여 20여 킬로미터쯤 가면 길 옆에 위치한 한서 남궁억 유적지를 만날 수 있다.

생각하기
1. 남궁억 선생이 모곡리로 내려와 무궁화를 키운 이유가 무엇인지 생각해보자.

강원도 동해시 천곡동 1081-8번지, 033-533-9012 \ **천곡교회**　**강원도**

천곡교회는 1941년 신사참배를 거부하고 순교한 최인규 권사의 모교회로 그의 순교 기념비가 있다. 최인규 권사는 수감 1년 만인 1942년 12월 16일 형무소에서 숨을 거두었다. 최인규 권사 별세 소식을 접하고 인척 조카인 최종대가 대전에 가서 화장한 후 유골을 가져왔다. 장례식도 제대로 치루지 못하고 야산에 묻었다가 해방되던 해 10월 삼척교회 입구에 묘소를 마련하였다. 그리고 이듬 해 3월, 삼척구역 6개 교회 이름으로 '최인규 순교 기념비'를 무덤 위에 세웠다. 그 후 도시계획 때문에 기념비만 이리 저리 옮기고 유해는 교회 담장 밑에 있다가 1986년 11월 천곡교회에 '최인규 권사 순교기념비'를 세우면서 그곳으로 옮겼다. 교인들은 최인규 권사가 직접 만들어 사용하던 강대상 모양을 본 따 기념비를 만들었다. 천곡교회에 가면 최인규 권사가 살아 생전에 만든 강대상이 보관되어 있다. 삼척제일교회에도 최인규 권사비가 서 있다.

찾아가는 길

영동고속도로를 이용하여 강릉으로 가다가 동해고속도로로 들어가 끝까지 달려 톨게이트로 나가 동해방향으로 가다가 세 번째 로터리에서 우회전하여 30미터쯤 내려가면 천곡파출소가 보이고 그 뒤에 천곡교회가 있다.

생각하기

1. 신사참배를 거부하다 순교한 최인규 권사의 신앙에 대해 생각해보자.

2. 최인규 권사가 만든 강대상을 보고 느낌을 말해보자.

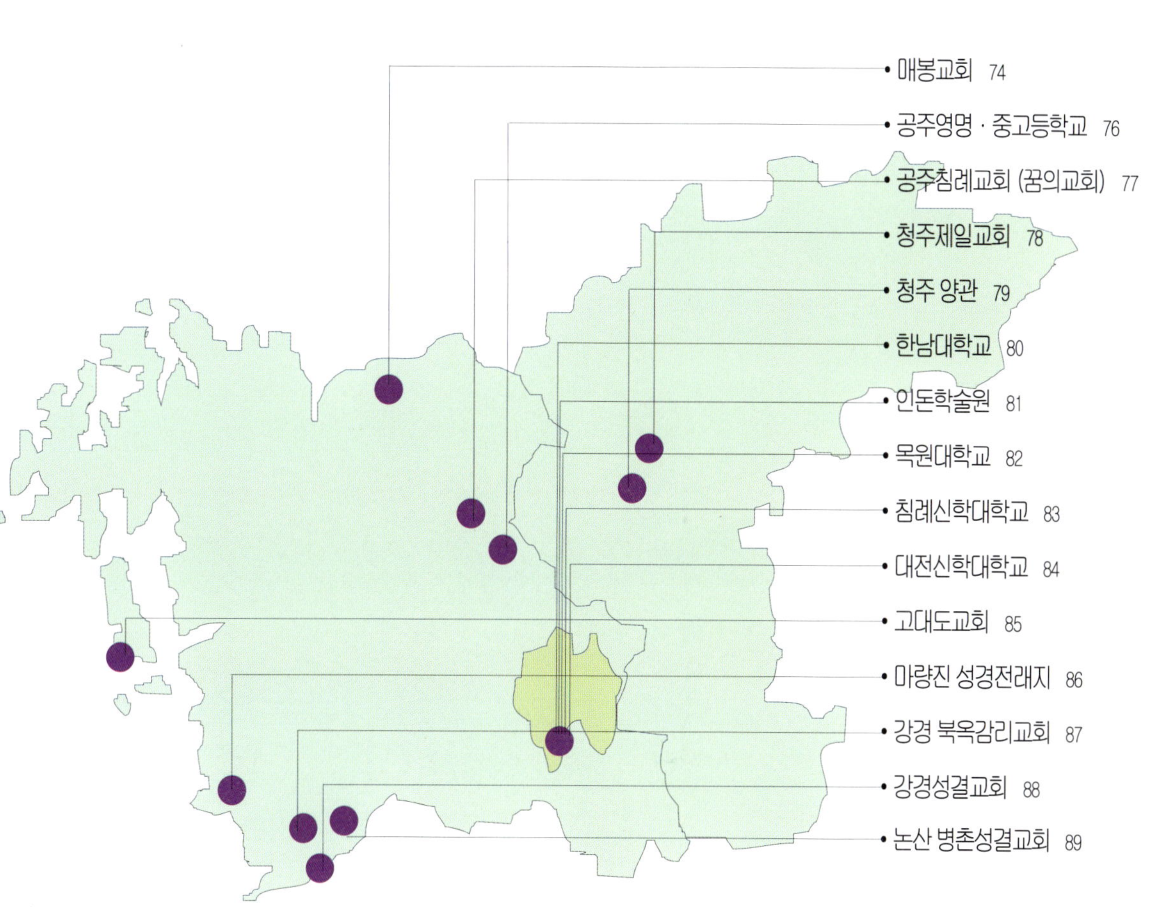
매봉교회
공주영명ㆍ중고등학교
공주침례교회 (꿈의교회)
청주제일교회
청주 양관
한남대학교
인돈학술원
목원대학교
침례신학대학교
대전신학대학교
고대도교회
마량진 성경전래지
강경 북옥감리교회
강경성결교회
논산 병촌성결교회

매봉교회는 1901년 박해숙 전도사에 의해 설립되었다. 1905년 을사보호조약이 체결되고 교회가 의병을 도운 것이 발각되어 결국 불에 소실되었지만 이에 굴하지 않고 농촌계몽, 미신타파, 문맹퇴치, 독립운동을 하였다. 1907년, 두 번째로 예배당이 불탔지만 1919년 4월 1일 병천 아우내 장터에서 많은 교인들이 참여하여 독립만세운동을 주도하였다. 이에 일제는 집회금지령을 내리고 다시 예배당을 불질렀다. 1967년 이화여고 동문회의 도움으로 교회를 세웠고, 현재의 교회는 1998년 감리회 남부연회의 모금으로 새로 신축된 것이다. 매봉교회 곁에는 유관순 열사의 생가가 있다.

찾아가는 길

경부고속도로를 이용하여 목천 나들목으로 나가 21번 지방도로를 이용하여 진천방향으로 7Km정도를 가면 병천 순대타운을 지나면 교회로 인도하는 안내 표지판을 볼 수 있다.

생각하기

1. 유관순 열사가 남긴 유품은 사진 2장뿐이라고 한다. 사람이 죽어서 남길 수 있는 것은 무엇이라고 생각하는가?

공주에 처음으로 복음의 씨앗이 뿌려진 것은 1903년이다. 의료선교사 맥길(W. B. Mcgill)과 이용주 전도사에 의해 공주읍교회(현 공주제일교회)가 설립된 것이 출발점이다. 다음해 한국연회는 공주와 진천을 중심으로 한 북충청권과 청주지역을 묶어 하나의 교구로 설정하고 한국에 온 지 1년 밖에 안 되는 선교사 샤프(R. A. Sharp)에게 맡겼다. 그의 부인은 자신보다 2년 먼저 한국에 들어와 복음을 전하고 있던 선교사 하몬드(Alice J. Hammod, 사애리사)였다. 이들 부부는 서울에 상주하면서 충청도 지역을 순회하며 1년을 보냈다. 당시 보수적인 문화가 팽배했던 이곳 공주지역에서는 교육사업이 복음을 전하는데 효과적이라는 판단을 내린 샤프부인은 영명여학교 설립에 힘을 다하였다. 샤프 선교사에 이어 공주에 파송된 선교사 윌리암스(F. E. C. Williams)는 샤프부인의 기초 위에 영명학교를 세우고, 본격적인 운영에 들어갔다. 영명학교는 농촌교회를 위한 실질적인 프로그램을 운영하면서 농촌지도자 배출에 주력했다. 이를 위해 영명학교는 교명을 영명실수(永明實修)학교로 개명했다. 1932년 4월부터 영명실수학교로 운영되어 오던 영명학교는 1941년 일제에 의해 강제 폐교됐고, 1951년 영명중·고등학교로 복교해 현재에 이르고 있다. 유관순 열사와 그녀의 오빠 유우석, 조병옥 박사, 중앙대학교 설립자인 임영신 등이 영명학교 출신들이다.

찾아가는 길

천안, 조치원, 대전에서 공주시외버스 터미널까지 가서는 금강 다리를 건너 직진하면 영명고등학교를 찾을 수 있다.

생각하기

1. 영명학교 뒷뜰에 있는 샤프 선교사와 윌리암스 선교사의 동상을 찾아보고 그들의 삶에 대해 생각해보자.
2. 한국 초기 선교는 학교와 병원을 이용한 복음전파였다. 여기에 대한 생각을 나누어 보자.

공주침례교회(현, 꿈의교회) \ 충남 공주시 웅진동 242-11, 041-853-0675

공주침례교회는 1896년에 설립되었다. 미국 침례교회 계통의 선교단체 엘라 딩 기념선교회는 1895년 폴링 선교사를 한국에 파송했다. 이들은 배를 타고 서해안을 거쳐 금강을 거슬러 올라가 당시 충남 도청 소재지인 공주에 도착했다. 5년 동안 선교했지만 큰 결실을 거두지 못하고 선교자금이 떨어지자 본국으로 돌아갔다. 1896년에는 스테드맨 선교사 부부와 엑클스, 엘머 선교사를 잇달아 한국으로 파송했는데 이들에 의해 공주침례교회가 설립되었다. 공주에서의 선교사역은 펜윅선교사에게 인계됐다. 펜윅 선교사는 1889년 우리나라에 들어와 서울에서 우리말을 익힌 뒤 황해도 소래에서 활동했다. 당시 펜윅 선교사는 무교파 독립선교사로 활동하고 있었다. 그는 1893년 캐나다로 돌아가 침례교회에서 안수를 받고 1896년 한국으로 돌아와 원산에서 선교하고 있었다. 펜윅 선교사는 1900년 원산에서 함께 전도하던 신명균과 함께 공주교회로 부임했다. 그는 공주교회에 성경학원을 조직하여 인재를 양성하기 시작했다. 성경학원에서는 과수를 키우는 법과 토목기술을 함께 가르쳤다. 자비량 전도가 가능토록 하기 위해서였다. 성경학원 졸업자들은 전국에 흩어져 전도하고 31개의 교회를 세우는 열매를 맺기 시작했다. 펜윅 선교사는 1906년 이들 교회를 모아 '대한기독교회'란 교단을 창립했다. 이 조직은 추후 동아기독교로, 해방 후에는 기독교한국침례회로 명칭을 바꿨다. 공주교회가 침례교회의 뿌리 역할을 감당한 것이다. 공주침례교회는 1940년 신사참배를 거부한다는 이유로 교회가 다시 폐쇄되기도 했다.

찾아가는 길

경부고속도로를 이용하여 대전방향으로 가다가 천안을 지나 천안–논산 간 고속도로로 들어가 남공주 나들목으로 나가 무령왕릉 방향으로 가다보면 교회를 찾을 수 있다.

생각하기

1. 펜윅 선교사의 선교여정에 대해 이야기해보자.

1900년 말부터 미국 북장로교의 민노아 목사는 장로교의 손길이 아직 미치지 않은 충청도 지방에 선교의 뜻을 두고 김흥경(金興京)조사와 함께 청주지역을 돌며 전도하여 김원배(金源培), 방흥근(方興根), 이영균(李英均), 김재호(金在皓), 이범준(李範俊) 등과 같은 유망한 청년들이 처음으로 예수를 믿게 되었고, 이들 중심으로 1904년 남문밖에 여섯 개의 방을 가진 커다란 초가집 한 채를 마련해 교회를 설립했다. 이것이 청주제일교회의 시작이다. 교회를 설립한 지 1년 만에 교회가 성장하자 지금의 자리로 옮겨 새롭게 교회를 시작했다. 이곳은 본래 청주 영장(營將)의 관사와 죄인들을 가두는 옥사가 있었던 장소로 조선 후기 천주교 대 박해 때에 많은 교인들이 고문을 당하고 마침내 순교의 피눈물을 흘렸던 역사적인 곳이다. 청주읍교회에는 구국의 열정을 가진 애국청년들이 많이 몰려왔고, 또한 이 교회 출신들이 일제시대 민족운동에 앞장서서 활동하였다. 1970년대는 민주화에도 많은 공헌을 하였다. 청주제일교회에 가면 망선루를 비롯하여 역사의 향기를 느낄 수 있는 곳들이 있다.

찾아가는 길

경부고속도로를 이용하여 청주 나들목으로 나가 육거리까지 가면 바로 근처에 청주제일교회가 있다.

생각하기

1. 청주제일교회가 민족운동과 민주화에 앞장섰던 이유에 대해 생각해보자.

청주 양관 \ 청주시 상당구 탑동 185-1, 043-256-7322

청주지역 최초로 설립된 교회는 신대교회로 이 지역민들에 의해 설립되었다. 그리고 청주지역에 제일 먼저 와 활동한 선교사는 민로아(F. S. Miller)이다. 그는 1892년에 입국하여 서울에서 활동하다 1897년부터는 청주에서 사망하기까지 청주에서 줄곧 활동했다. 민로아 선교사는 청주성서학원 건물 등 일곱 채의 건물(양관)을 지었는데 현재 여섯 채가 남아 있다. 그 중의 네 채가 일신여자고등학교 교내에 있기 때문에 청주 양관을 보려면 일신여자고등학교를 찾아가야 한다. 이 건물들은 주로 교육과 선교사들의 주택으로 건립되었다. 현재는 민로아 미술관으로 사용되고 있다. 건물 앞에는 민로아 선교사의 묘지와 기념비가 서 있다. 민로아 선교사는 우리나라에서 선교사로 활동하는 동안 두 명의 아내와 사별하는 아픔을 겪기도 했다.

찾아가는 길

경부고속도로를 이용하여 청주 나들목으로 나가 청주 시내로 들어가 무심천을 지나 청주교육대학 앞을 지나면 육거리를 만나게 된다. 육거리에서 물으면 이내 일신여자고등학교를 만날 수 있다.

생각하기

1. 두 명의 아내와 사별하는 아픔을 겪으면서도 이 땅을 지킨 민로아 선교사의 신앙 중심에는 무엇이 자리 잡고 있다고 생각하는가?

2. 지금도 양관을 보존하고 있는 청주지역 성도들의 마음을 생각해보자.

한남대학교 1/2

충청도

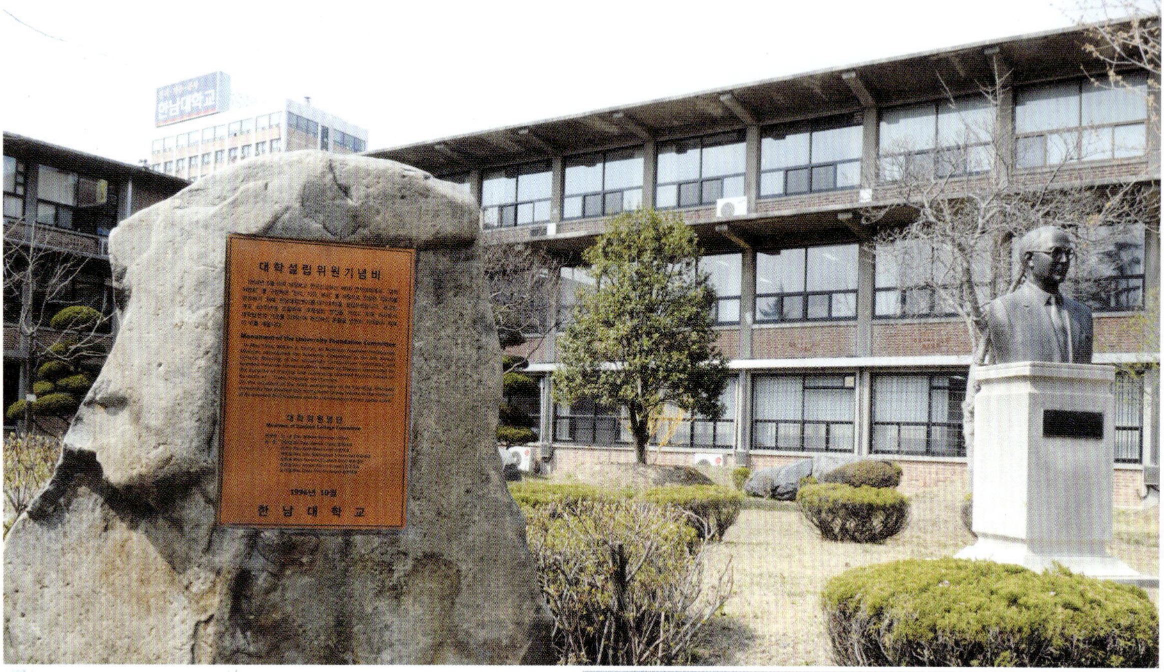

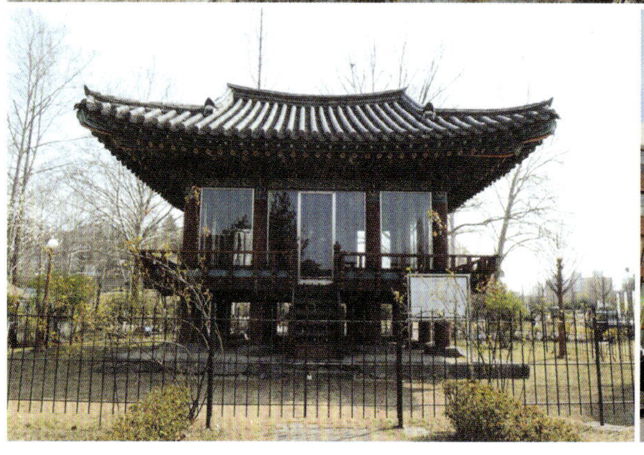

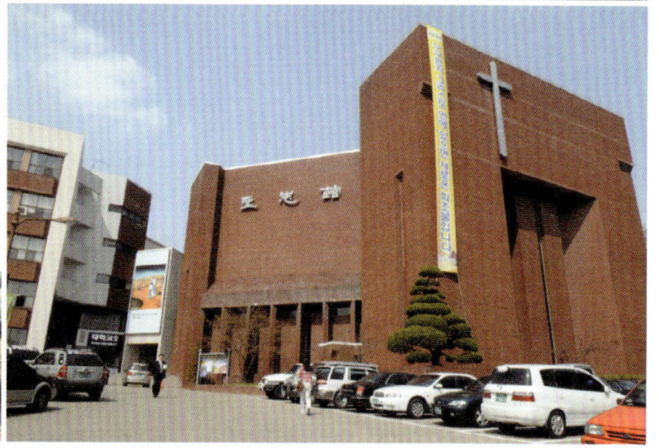

한남대학교는 미국 남장로교 선교부에 의해 1956년 3월에 설립되었다. 당시 미국 남장로교 선교부는 호남지방을 근거로 활동하고 있었지만 대전에 학교를 설립하면 호남지역은 물론이고 충청도와 경부선으로 연결되는 경상도 학생들도 유치할 수 있다는 생각에서 설립한 것이다. 처음 이름은 '대전기독학관'이었고 초대 학장은 인돈(William A. Linton) 박사였다. 1959년 정규 4년제 대학으로 발전하여 '대전대학'으로 교명을 변경했다. 1963년 미국 북장로교 선교부가 설립한 서울 숭실대와 통합하여 '숭전대학교'가 되었으나 1980년 재단 이사회에서 다시 분리하여 독립적으로 운영하자고 결의하여 '한남대학'으로 교명을 변경했다. 캠퍼스에는 양관이 남아 있어 운치를 더해 주고 있다.

찾아가는 길 경부고속도로를 이용하여 대전 나들목으로 나가 2.7Km를 직진하다가 용전 사거리에서 우회전하면 만날 수 있다.

한남대학교 2/2 (인돈학술원) \ 대전시 대덕구 오정동 133번지, 042-629-7929

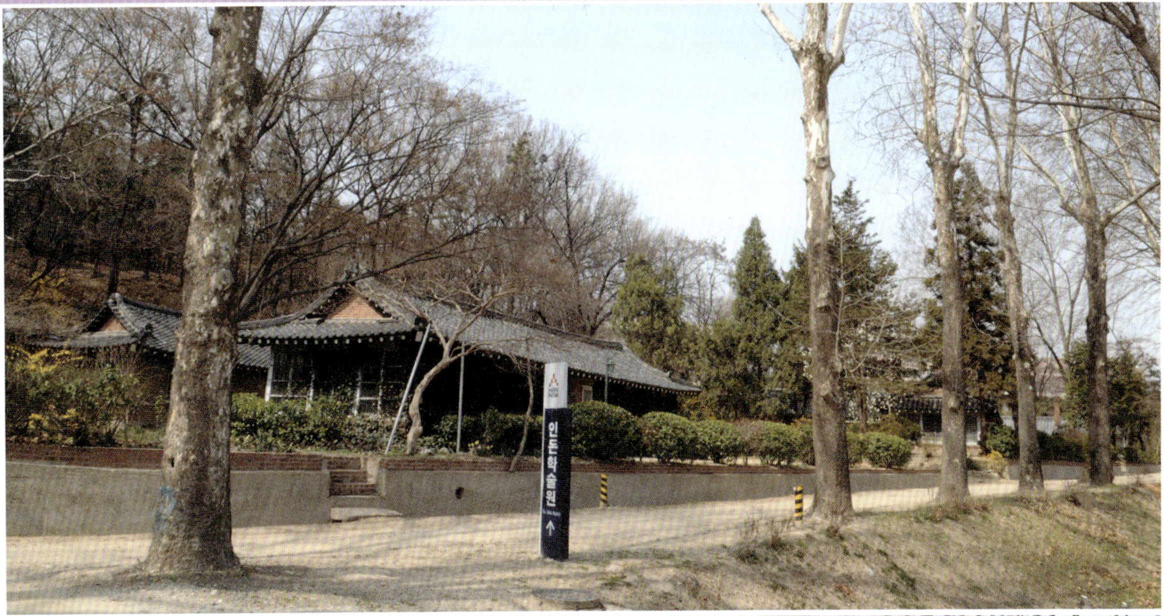

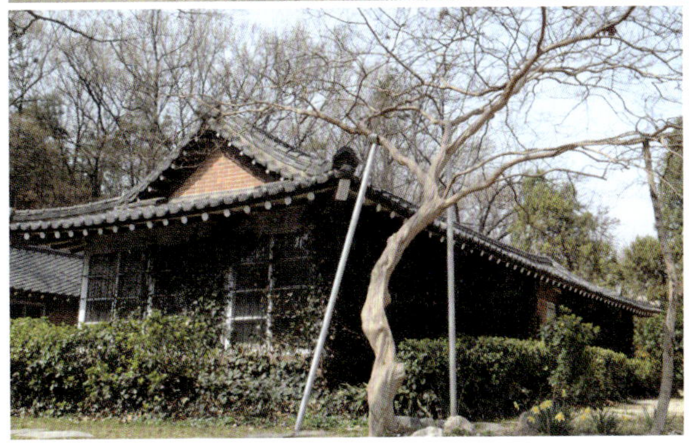

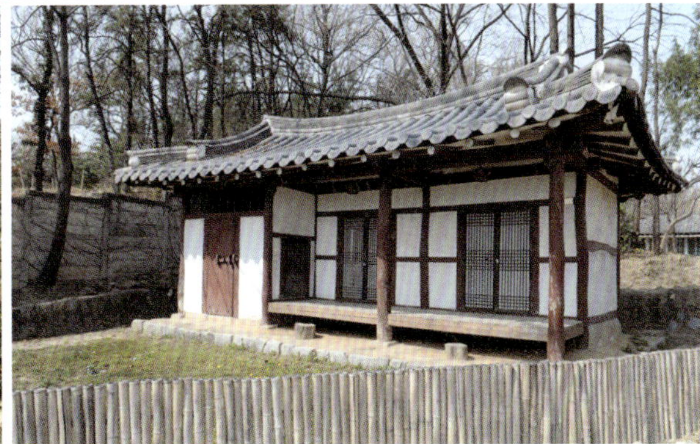

인돈학술원을 이해하려면 한남대학교의 출발을 알아야 한다. 한남대학교는 1956년에 대전대학교라는 교명으로 미국 남장로교 선교부에 의해 설립되었다. 당시 미국 남장로교 선교사들은 전라도 지역에서 활동하고 있었지만 교통의 요충지인 대전에 학교를 세우면 전라도는 물론이고, 충청도와 경상도 학생들도 올 수 있다고 대전에 학교를 설립한 것이다. 그 중에는 인돈(William A. Linton, 印敦)선교사가 있었다. 1990년대 초 한남대학교와 관련되었던 선교사들이 떠나자 존 서머빌(서의필)이 한남대 설립자인 린턴을 기념하는 인돈학술원을 세웠다. 밖에서 보면 'ㄷ'자로 구성된 건물로 한국전통 가옥의 구조를 하고 있으면서도 실내에 화장실과 욕실을 설치하는 등 서양식 건축양식도 도입한 아름다운 건물이다. 2001년에 대전시 문화재자료 제44호로 지정되었다.

찾아가는 길

경부고속도로를 이용하여 대전 나들목으로 나가 계속해서 직진하면 고속버스 터미널을 지나면 이내 한남대학교 안내표지판을 볼 수 있다. 대전 나들목에서 약 4Km이므로 이내 찾아갈 수 있다.

생각하기

1. 한남대학교 설립자인 인돈 선교사의 삶에 대해 이야기해보자.

2. 전라도지역에 온 미국 남장로교 선교사들이 대학을 충청도에 설립한 이유에 대해 생각해보자.

목원대학교

대전시 서구 목원길 21번지, 042-829-7114

충청도

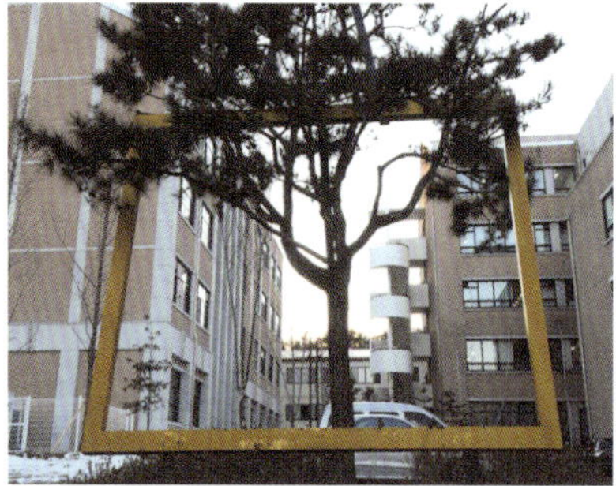

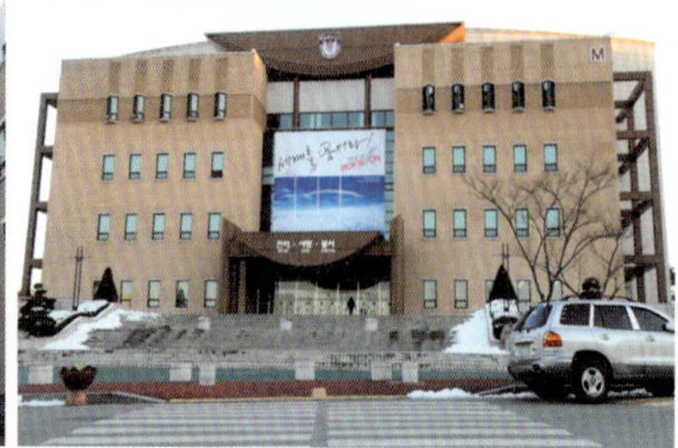

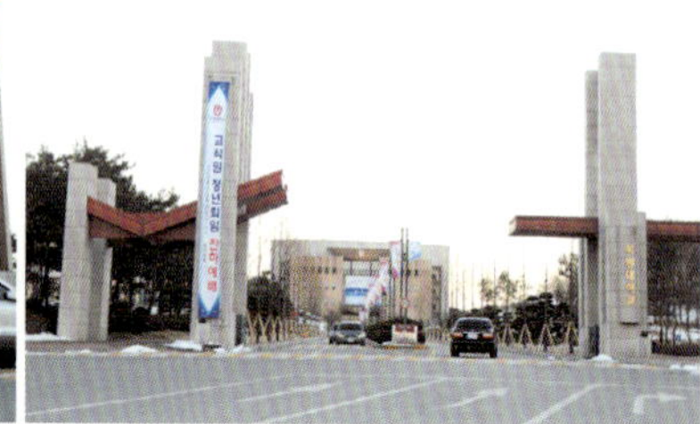

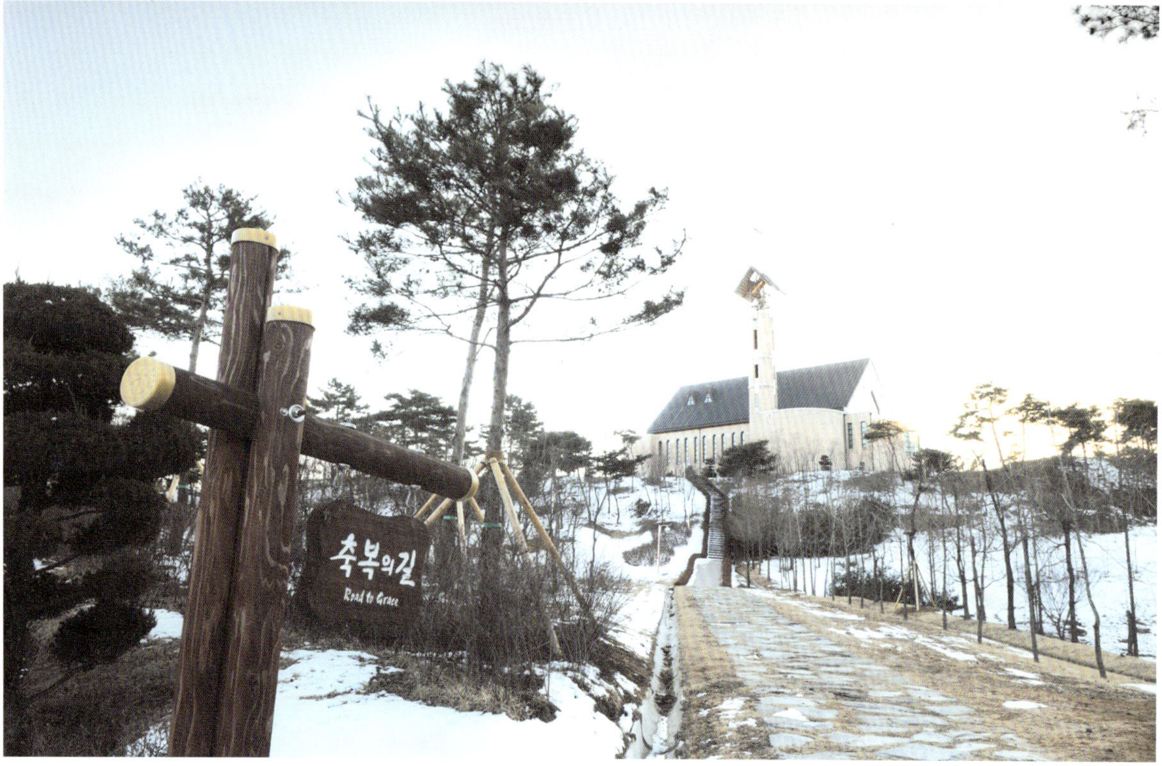

목원대학교는 1954년에 미국인 선교사 도익서(都益瑞, C. D. Stokes)가 '감리교 대전신학교' 라는 이름으로 설립하였다. 1972년 교명을 '목원대학' 으로 변경하였고, 1993년 종합대학으로 승격되었다. 1996년 지금의 위치에 새 교사를 건설하기 시작하였고 1999년 이전하였다.

설립자 도익서는 한국 선교사인 부친 도마련(Marion B. Stokes)목사와 모친 폴린 스톡스(Pauliine David Stokes)의 넷째 아들로 남 캐롤라이나주 서멜톤 312번지 외할아버지 댁에서 1915년 5월 11일에 태어났다. 일생 한국에서 선교사로 활동하다 1997년 1월 10일 82세를 일기로 애틀란타에서 하나님의 부르심을 받았다.

찾아가는 길

경부고속도로 → 회덕인터체인지 → 호남고속도로 → '유성톨게이트' 나와 유성온천으로 우회전 → 계속 직진→ 지하차도로 들어갈지 말고 우측진행 → 충남대학교 정문(좌측방면)에서 우회전→ 유성4거리에서 가수원 방향으로 직진(2.5km) → 목원대학교 정문

침례신학대학교 \ 대전시 유성구 하기동 산 14번지, 042-828-3114

침례신학대학교는 1953년 2월 '침례회 성경학원'으로 개원하여 원장에 나요한 선교사, 교사에 한기춘, 최형근 목사가 임명되었다. 1954년 4월 8일에는 성경학원을 신학교로 승격시키고 같은 해 문교부로부터 예과와 별과를 모집할 수 있는 개설 인가를 얻어 신학교로서의 면모를 갖추기 시작했다. 이렇게 시작한 학교는 1956년 3월 8일 제1회 졸업식에서 특수과 18명을 최초로 졸업시켰고 같은 해 10월 목동 캠퍼스 부지 위에 착공된 본관 건물이 이듬해 1957년 11월에 완공되어 본관을 "에버네티관"이라 명명했다. 초대 교장으로서 헌신적으로 활약한 존 에버네티 박사를 기념하여 건축되었기 때문이다.

찾아가는 길

호남고속도로 ↔ 유성 I. C. ↔ 우회전 첫 교차로 노은지구, 조치원, 천안방면(국도1번)직진 ↔ 유성여고 입구 ↔ 유성구장애인종합복지관 ↔ 침신대교 ↔ 침례신학대학교

대전시 대덕구 오정동 226-22, 042-606-0114 \ **대전신학대학교**　충청도

대전신학대학교는 1954년 '대전야간신학교'로 시작되었다. 당시에는 교회 지도자들이 부족했던 시대였기에 야간신학교를 설립한 것이다. 초대 교장에는 이자익 목사가 취임했는데 그는 한국 장로교 역사상 총회장을 세 번이나 지낸 분이다. 이자익 목사는 경남 남해에서 태어나 가난을 견딜 수 없어 전북 김제로 이주하여 조덕삼의 마부가 되었다. 그는 조덕삼의 마부였지만 주인을 제치고 먼저 장로가 되었다. 조덕삼은 금산교회 2대 장로가 되어서도 이자익을 극진히 받들어 신학공부를 시켰으며, 목사가 되자 금산교회 담임목사로 청빙하는 등 아름다운 목사와 장로의 모습을 보여주었다. 대전신학대학교는 이러한 정신이 흐르고 있는 학교이다.

찾아가는 길

경부고속도로를 이용하여 대전 나들목으로 나가 약 2. 5Km를 직진하다가 용전사거리에서 우회전하면 한남대학교와 이웃하여 위치하고 있다.

고대도교회 \ 충남 보령시 오천면 삽시도리 951번지, 041-932-2736

고대도교회를 찾는 이유는 1832년 7월 26일 고대도를 찾았던 귀츨라프 선교사를 만나기 위해서다. 당시 귀츨라프 선교사는 25일 동안 섬에 머무르며 조선 국왕에게 통상청원서를 제출하는 한편 주민들에게는 전도문서와 성경책을 나눠주고 감자 재배법을 가르쳤던 것으로 알려져 있다. 어학에 탁월한 자질이 있었던 그는 짧은 체류 기간에도 주민에게 주기도문을 한글로 번역하게 했을 뿐 아니라 직접 한글을 배워서 이듬해 중국 선교잡지를 통해 한글 자모를 소개했다. 하지만 조선 정부가 통상을 불허하고 떠날 것을 요구하자 뒷날을 기약하며 발길을 돌릴 수 밖에 없었다.

고대도교회는 1982년 4월 30일 곽길보 목사에 의해 설립되었다. 귀츨라프는 그날의 심경을 '조선 서해안 항해기'에 이렇게 기록했다.

"조선에 뿌린 하나님의 진리가 없어질 것인가? 나는 그렇게 믿지 않는다. 조선 백성을 은혜롭게 방문할 하나님의 원대한 계획이 있을 것이다…성서에는 하나님께서 이 보잘 것 없는 시초까지도 축복하신다고 확실하게 기록되어 있다. 나는 조선에 곧 먼동이 터 좋은 시대가 오기를 바란다."

찾아가는 길
대천항에 가면 하루 3회 왕복하는 배를 이용하여 고대도를 갈 수 있다.

생각하기
1. 귀츨라프는 알렌(1884년)이나 토마스 선교사(1867년)보다 먼저 우리나라에 들어왔던 선교사인데도 1832년을 선교 기원으로 인정하지 않는 이유는 무엇이라고 생각하는가?

충청도

충남 서천군 서면 마량진, 041-950-4224 \ 마량진 성경전래지

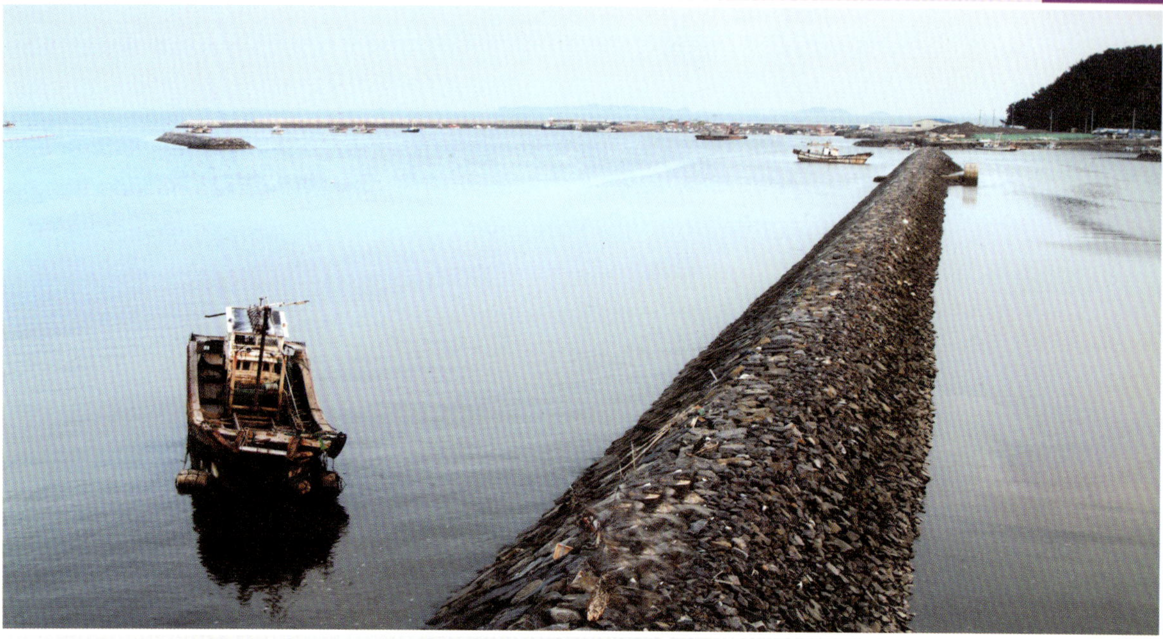

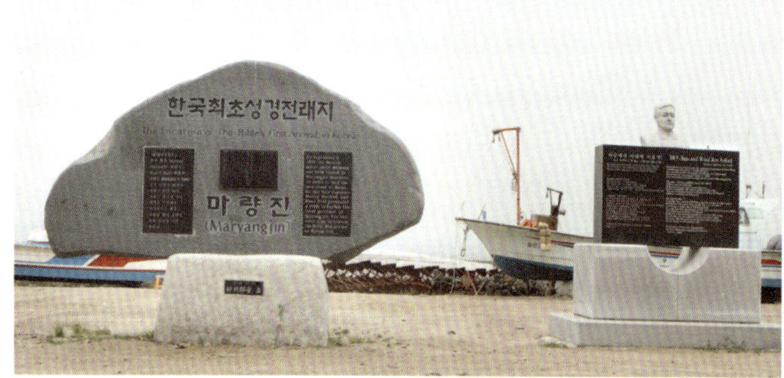

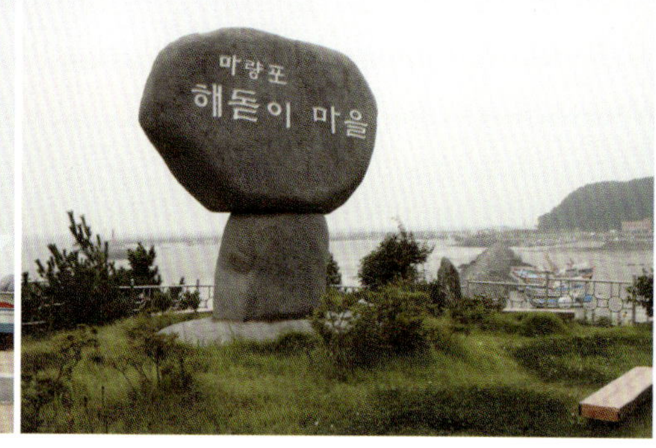

한국 교회가 급성장한 이유 중 하나는 한국 교회가 성경 위에 세워졌기 때문이다. 1882년 심양에서 로스 선교사와 이응찬 등 한국인들에 의해 우리말 성경이 간행되었다. 지금까지 밝혀진 바에 의하면 우리나라에 성경이 가장 먼저 전래된 곳은 마량진이다. 1816년, 알세스트(Alcest)호와 리라(Lyra)호의 맥스웰(Murry Maxwell), 바실홀(Basil Hall) 함장은 영국 정부로부터 한국 서해안 일대를 탐사하라는 훈령을 받았다. 이들은 서해안 일대를 시찰하고, 해도를 작성하던 중 9월 5일 마량진 앞 갈곶에 들러 첨사 조대복에게 최초로 성경을 전달했다는 기록이 있다. 이 기록은 순조실록 19권(조선왕조실록 제48권, 국사편찬위원회)과 1818년 출간된 '한국 서해안 항해기' (A Voyage of Discovery to the West Coas Loochoo Lsland)에 나타난다. 이에 서천군에서는 마량진 성역화 사업과 함께 아펜젤러 기념관 건립 사업도 함께 추진하고 있다.

찾아가는 길

서해안고속도로를 이용하여 춘장대 나들목으로 나가 군도와 지방도 607번 도로를 이용하여 마량포구에 도착할 수 있다.

생각하기

1. 마량진에 성경이 도래한 역사적 과정을 이야기해보자.

강경 북옥감리교회당은 본래 성결교회 예배당이었다. 성결교회 예배당이 감리교회 예배당으로 된 배경에는 다음과 같은 사연이 있다. 강경성결교회는 1923년에 설립된 교회로 신사참배 거부운동을 최초로 벌인 교회이기도 하다. 주일학교 학생 57명이 1919년 신사참배를 거부하였다. 이런 교회가 1953년 예배처가 협소하다고 매물로 내놓았다. 이것을 처음에는 천주교 신자가 공장으로 사용하려고 구입했는데 하나님께 예배드리던 곳을 공장으로 사용했다가는 하나님의 징계를 받을까봐 1년간 비어 둔 것을 윤반인 목사와 김현구, 김무웅 씨가 매입하여 감리교회가 된 것이다. 이 예배당은 2002년 9월 등록문화재 제42호로 지정을 받았다. 예배당 크기는 전면 4칸, 측면 4칸 도합 16칸의 규모로 36평 건물이다. 좌우편에 남녀 출입문이 있다. 바닥에는 마루를 깔았고 천장은 들보와 종보, 서까래가 드러난 연등천정 구조를 하고 있다.

찾아가는 길

논산시 강경읍에 가서 물어물어 찾아가야 한다. 강경역에서 동흥2리가 어디인지를 물어 가기를 권한다.

생각하기

1. 예배당이 협소하다고 헐거나 파는 것을 어떻게 생각하는가?

충청남도 논산시 강경읍 홍교리 129, 041-745-3162 \ 강경성결교회 충청도

강경은 평양, 대구와 함께 조선시대 때 3대 상권을 형성할 정도로 번창한 도시였다. 1902년에 충청도에서는 처음으로 우편취급소가 설치되었고, 전기도 제일 먼저 들어올 정도로 앞서가던 도시였다. 이곳에 강경성결교회가 설립된 것은 1918년이다. 경성성서학원(현 서울신학대학교)을 졸업한 정달성 전도사가 감리교회 세력이 강한 이곳에 내려와 성결교회를 시작했다. 교회가 시작된 지 4개월 만에 3. 1운동이 일어났는데 동양선교회 존 토마스 목사가 강경에 내려왔다가 일본 경찰에게 구타당하는 사건이 일어났다. 이 사건으로 존 토마스 목사가 한국을 떠나게 되었고 영국 공사가 그를 대신하여 소송을 제기하여 승리했다. 이때 받은 보상금으로 강경성결교회 예배당을 건축한 것이다. 그러나 이 예배당은 현재 강경 북옥감리교회 소유로 되어 있다. 강경 성결교회는 신사참배를 제일 먼저 거부한 교회로 유명하다. 주일학교 학생 57명이 신사참배를 거부하게 된 배경에는 주일학교 교사이면서 강경초등학교 교사였던 김복희 선생의 가르침이 있었기 때문이다. 예배당 뜰에는 '최초신사참배거부 선도 기념비'가 서 있다.

찾아가는 길
강경역에서 강경성당을 지나면 만날 수 있다.

생각하기
1. 강경성결교회 주일학교 학생들이 신사참배를 거부했던 이유를 생각해보자.

논산 병촌성결교회

\ 충남 논산시 성동면 개척리 228, 041-732-6251

병촌성결교회는 6. 25 당시 많은 아픔을 겪은 교회이다. 유엔 연합군의 인천상륙과 더불어 불리해진 공산군들이 도주에 앞서 병촌교회 성도 16세대 66명을 한꺼번에 쇠스랑과 삽과 몽둥이로 죽여 흙구덩이를 파고 매장하였다. 이러한 처참한 상황에서도 정수일(여) 집사는 시부모와 3남 1녀의 자녀 그리고 시동생과 어린 조카등 11명이 한꺼번에 몰살당하는 가운데에서도 개인적인 신앙을 굽히지 않고, 오히려 가족과 나라를 위하여 기도하면서 순교하였다. 교회 뜰에는 순교 추모비가 서 있다.

찾아가는 길

호남고속도로를 이용하여 서논산 나들목으로 나가 성동면 방향으로 가면 된다. 성동면을 지나 월성리를 지나 병촌리 방향으로 가야 한다.

생각하기

1. 정수일 집사의 순교 장면을 생각해보자.

2. 공산주의에 대해서도 생각해보자.

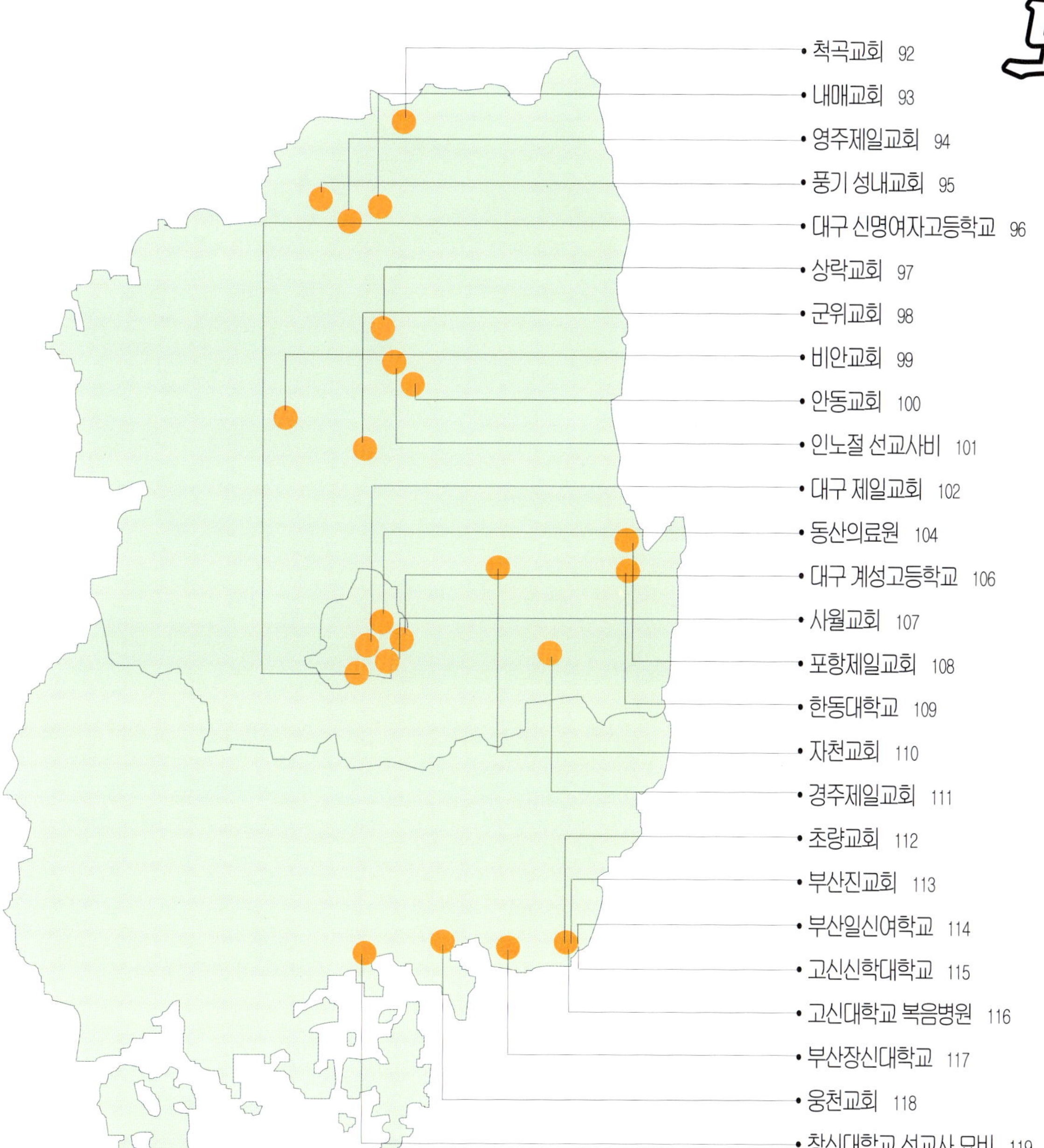

경상도

척곡교회는 1907년 5월 17일에 설립되었다. 고종황제 때 탁지부(현 재경부) 주사직을 맡고 있던 김종숙이 언더우드 선교사의 설교에 감동을 받고 이곳으로 낙향해 문촌교회를 출석하다 척곡교회를 설립했다. 1909년 9칸짜리 정방형 기와집 예배당을 건축한 김종숙 장로와 장복우씨 등은 지역 주민들을 교육하기 위해 6칸짜리 초가 명동서숙을 건축하기에 이르렀다. 명동서숙은 한국 초기 교회들이 운영하던 학교건물을 그대로 보존하고 있다는 데 큰 의미가 있다. 지금은 지붕이 함석으로 돼 있지만 초기에는 기와지붕으로 되어 있었다. 예배당도 당시에는 남녀석이 분리되어 있었고, 출입문도 동서쪽으로 각각 만들었다. 물론 가운데는 광목을 쳐서 남녀를 구분했다. 특히 관심을 끄는 부분은 예배당 앞쪽 강대상 부분이 아치형으로 돼 있어 초기의 건축술을 확인할 수 있다. 지금도 예배당 우측 벽에는 성미자루를 걸었던 못들이 교인들의 숫자만큼 남아 있다. 척곡교회는 초창기 교회와 관련된 자료들을 그대로 보존하고 있다. 초대 교적부를 비롯해 초기 당회록과 1921년 척곡장로교 면려회 회록, 1927년 봉화전도 척곡지회 회의록, 1930년 척곡교회 기본금 기성회의록 등 대부분 원형 그대로 보존돼 있었다.

찾아가는 길

중앙고속도로를 이용하여 풍기 나들목으로 나가 영주 시내를 지나 봉화, 춘양방면으로 가다보면 법전면을 만나게 된다. 법전면 농협건물을 보고 우회전하여 약 6Km 정도 가면 척곡교회를 만나게 된다. 초행자는 찾기가 쉽지 않으므로 교회에 전화하는 것이 좋겠다.

생각하기

1. 한국교회가 초기에 교회 옆에 학교를 세우게 된 이유가 무엇인지 생각해보라.

2. 농어촌의 어려운 교회들과 함께 할 수 있는 방법에 대해 이야기해보자.

내매교회 \ 경북 영주시 평은면 천본2리 1103번지, 054-637-3082

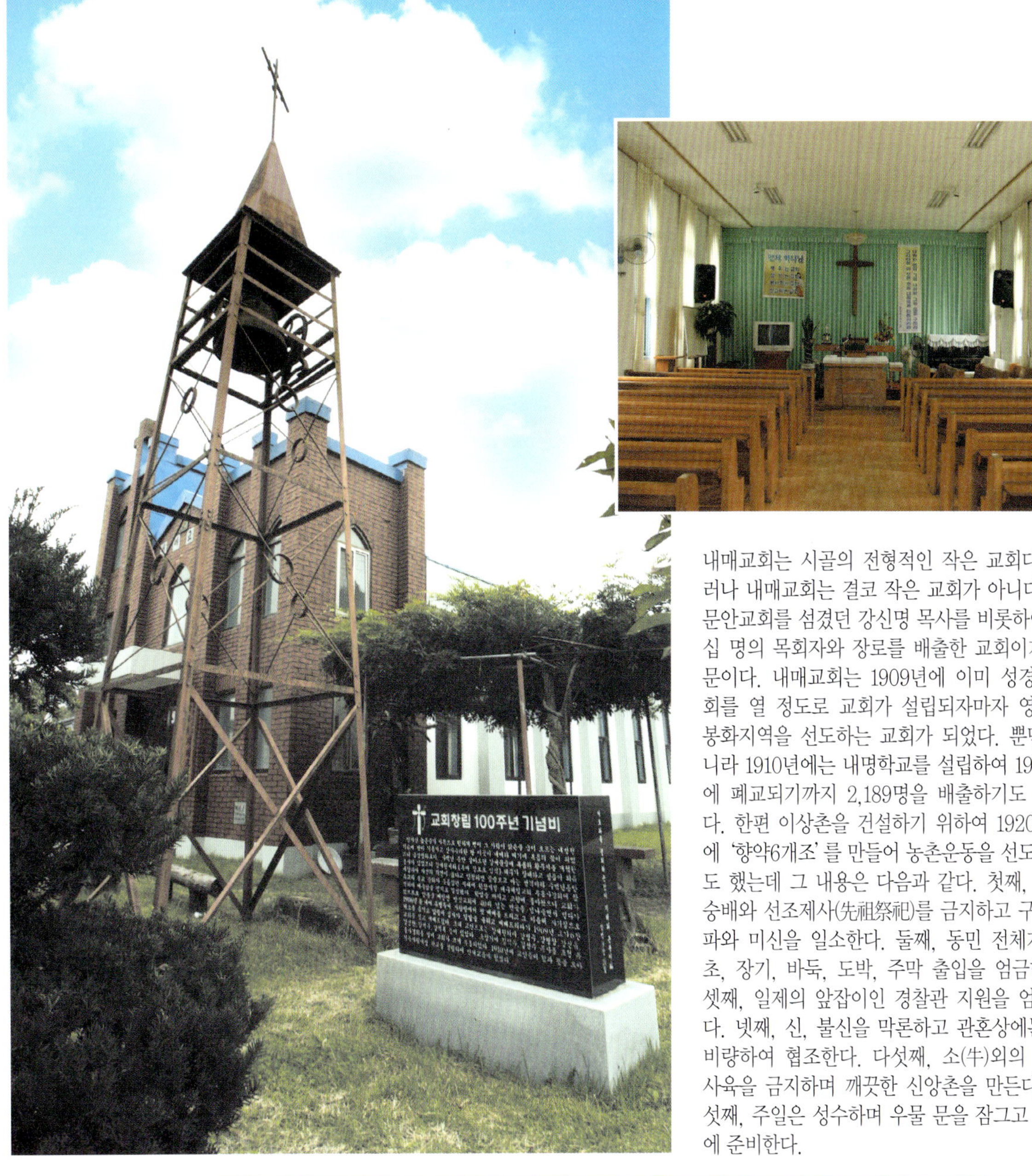

내매교회는 시골의 전형적인 작은 교회다. 그러나 내매교회는 결코 작은 교회가 아니다. 새문안교회를 섬겼던 강신명 목사를 비롯하여 수십 명의 목회자와 장로를 배출한 교회이기 때문이다. 내매교회는 1909년에 이미 성경사경회를 열 정도로 교회가 설립되자마자 영주와 봉화지역을 선도하는 교회가 되었다. 뿐만 아니라 1910년에는 내명학교를 설립하여 1995년에 폐교되기까지 2,189명을 배출하기도 하였다. 한편 이상촌을 건설하기 위하여 1920년경에 '향약6개조'를 만들어 농촌운동을 선도하기도 했는데 그 내용은 다음과 같다. 첫째, 우상숭배와 선조제사(先祖祭祀)를 금지하고 구습타파와 미신을 일소한다. 둘째, 동민 전체가 주초, 장기, 바둑, 도박, 주막 출입을 엄금한다. 셋째, 일제의 앞잡이인 경찰관 지원을 엄금한다. 넷째, 신, 불신을 막론하고 관혼상에는 자비량하여 협조한다. 다섯째, 소(牛)외의 가축 사육을 금지하며 깨끗한 신앙촌을 만든다. 여섯째, 주일은 성수하며 우물 문을 잠그고 전날에 준비한다.

찾아가는 길

중앙고속도로를 이용하여 영주 나들목으로 나가 영주시내로 진입하다가 외곽도로를 이용하여 안동방향의 구 도로를 이용하면 내매교회를 찾아갈 수 있다.

생각하기

1. 1920년대에 '향약 6개조'를 만들었던 내매교회에서 무엇을 배울 수 있는가?

경북 영주시 영주1동 42-1, 054-635-1601 \ **영주 제일교회**   **경상도**

영주제일교회 연혁에 의하면 영주제일교회는 1907년 설립되었다. 1907년 봄부터 오월번 선교사와 강제원 장로의 전도에 의해 정석주 외 수 명이 주님을 영접하였고, 1908년 성저동 정석주의 집에 10여명이 모여 예배를 드리면서 시작되었다. 그러나 『조선예수교장로회사기』에 의하면 영주제일교회는 1909년에 설립된 것으로 나타나 좀 더 연구해야 할 부분이다. 1909년에는 교인이 30여명에 달하자 초가 세 칸 예배당을 매입하고 경북노회에 가입했다. 현재의 돌 예배당은 1954년에 착공하여 1958년에 헌당식을 거행했다. 영주제일교회는 영주지방을 선도하는 교회다. 복음교단 창설의 한 주인공이었던 윤주병 목사도 한때 영주제일교회를 섬기기도 했다. 영주제일교회는 경안중학교(현 영광중학교) 설립에도 힘을 써 젊은이들을 양성하는 일에 앞장서기도 했다.

찾아가는 길

중앙고속도로를 이용하여 풍기 나들목으로 나가 10Km를 달려 영주시내로 들어가 서천교를 건너 좌회전하여 고가도로를 이용하여 처음 만나는 삼거리에서 좌회전 하면 이내 찾아갈 수 있다.

생각하기

1. 영주제일교회가 영주지역에서 차지하는 위치를 생각해보자.

풍기 성내교회 \ 경북 영주시 풍기읍 성내3동 58번지, 054-636-6273

연혁에 의하면 성내교회는 1907년에 설립 되었다. 권서 전도인 장치순, 심취명 등의 전도로 풍기에 복음이 전해졌을 때 동부동 자인촌에 거주하던 김기풍, 이시동, 장사 문, 이상호 들이 영접하고 교회를 설립했 다. 1909년 3월에는 김용휘, 김창립씨 등 이 중심되어 서부동 초가 15칸을 구입하여 예배당을 설립하면서 '풍기교회'라고 명 명했다. 이후 교회가 부흥하여 1914년에 는 예배당을 증축하였다. 1919년에는 김 창립씨 등이 중심되어 영신학원을 설립하 여 교육에 힘쓰기도 했다. 새문안교회를 담임했던 강신명 목사의 부친 강병주 목사 와 연동교회를 섬겼던 김형태 목사의 김영 옥 목사도 성내교회를 섬기기도 했다. 역 사관이 마련되어 있어 풍기 성내교회의 초 기 역사 및 우리나라 초기 기독교 역사를 볼 수 있는 자료들을 볼 수 있다.

찾아가는 길
중앙고속도로를 이용하여 풍기 나들목으로 나가 풍기읍내로 들어 가면 이내 찾을 수 있다.

생각하기
1. 성내교회가 풍기지역에 끼치는 영향에 대해 생각해보자.

대구 신명여자고등학교

대구시 중구 동산길 17, 053-254-1802

경상도

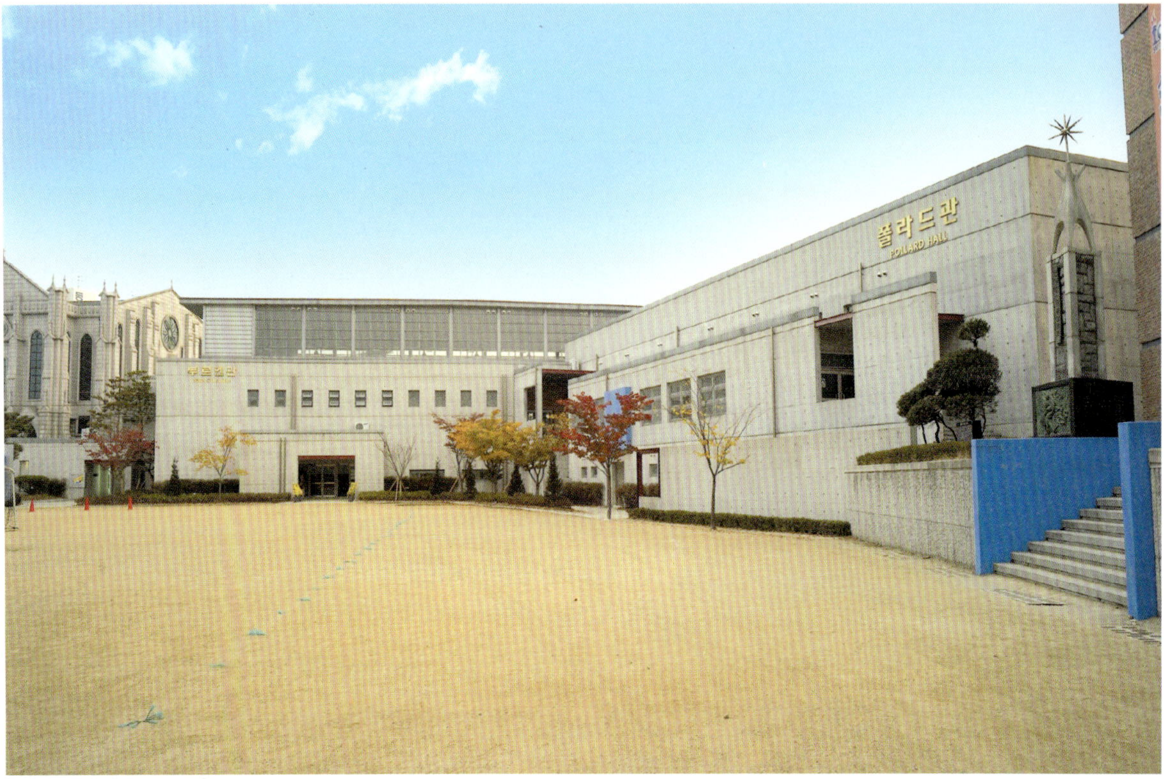

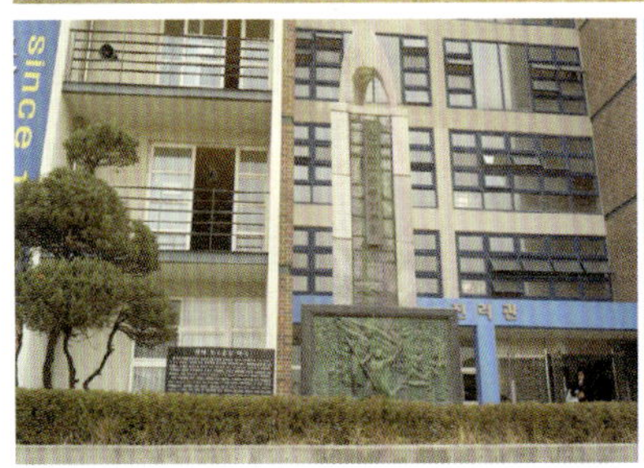

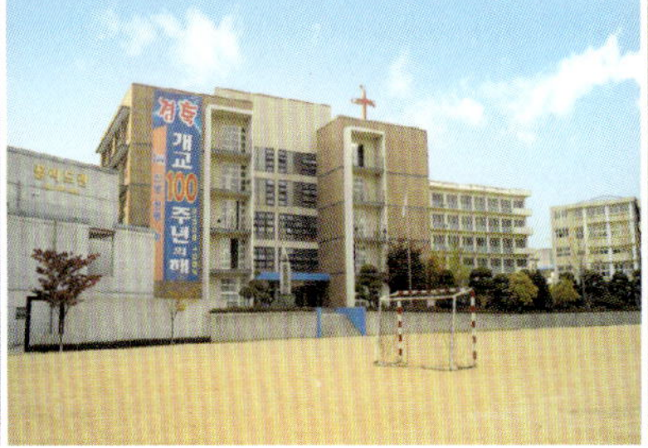

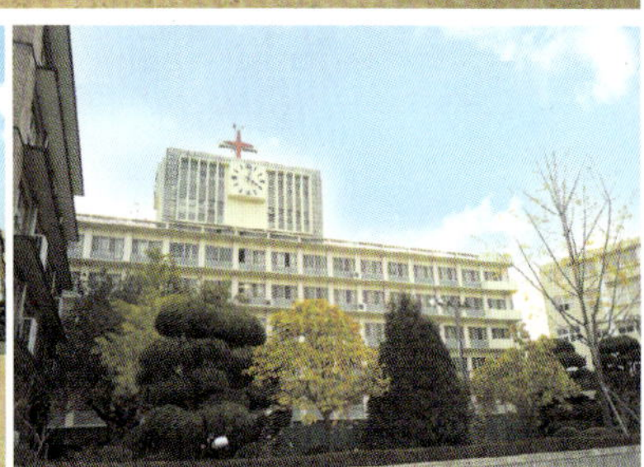

대구 신명고등학교는 1907년 미국 북장로교 선교사 부해리의 부인 부마태(Martha Scott Bruen)여사가 남산동(현 동산동) 소재 사택에서 '신명여자중학교' 라는 이름으로 시작되었다. 1913년 현재의 자리에 벽돌로 건축한 본관을 신축하고 이전했다. 3. 1운동 당시에는 이재인 선생의 지휘 아래 학생들이 독립만세운동에 적극 참여하기도 했다. 2004년 남녀공학으로 변경하면서 교명도 '신명고등학교' 로 바꾸었다. 신명고등학교는 기독교 문화의 창달에 교육 목표를 두고 있다. 이를 이루기 위하여 인격인, 실력인, 생활인, 사회인, 세계인을 기르는 교육에 힘쓰고 있다.

찾아가는 길

대구 지하철 1호선 반월당역이나 2호선 서문시장역에서 내리면 된다.

상락교회 \ 경북 예천군 지보면 지보리 397-5번지, 054-653-3345

상락교회는 1906년에 설립되었다. 양조환씨가 의성군 다인면에 사는 사돈지간인 오이건으로부터 전도를 받고 동리의 외손 격인 두 젊은이 전병원과 김낙진에게 복음을 전하였다. 이 세 사람이 매주 주일날이면 낙동강을 건너 30리 밖에 있는 삼분교회에 예배를 드리러 다녔다. 그러나 30리 먼 길을 주일마다 가기가 너무 힘이 들어서 장차 온 마을 사람들이 함께 예배드릴 수 있는 장소를 마련하기로 하고 1906년 10월 15일 양조환의 사랑방에서 첫 주일예배를 드리게 되었는데, 이것이 상락교회의 시작이다. 점차 마을 전체가 예수를 믿고 모두가 교인이 됨으로써 지보리 408번지에 새로운 예배장소로 초가목재 12칸을 지었다. 교회가 더욱 성장하게 되자 자리를 양지바른 동쪽 언덕으로 옮겨 함석지붕과 시멘트벽으로 이루어진 30평 규모의 두 번째 예배당을 신축하게 되었다. 그리고 현재의 자리에 교회가 마련된 것은 세 번째로 1968년 본당 60평을 지었고, 1982년에 20평 규모의 현관을 신축하였다. 두 번째로 예배당이 있었던 그 자리에는 2003년 10월 15일 상락교회 100주년 기념관이 건립되었다. 상락교회는 순교자 2명, 순국자 1명, 총회장 2명, 목사 29명, 장로 21명을 배출했다. 역사관도 있어 교회의 역사를 살펴볼 수 있다.

찾아가는 길

서울에서 갈 경우 중부내륙고속도로를 이용하여 점촌(함창) 나들목으로 나가 예천 방향으로 가다 보면 지보로 가는 안내표지판을 볼 수 있다. 지보까지 가서 상락교회를 찾으면 된다.

생각하기

1. 농촌교회가 못자리라는 말의 의미를 생각해보자.

경북 군위군 군위읍 동부리 621-1, 054-383-1009 \ **군위교회**

군위교회에 가면 이종익 목사와 노성운 집사를 만나게 된다. 군위교회는 1920년 동양선교회 헤스톱 선교사가 자신이 갖고 있던 풍금을 팔아 설립했다. 군위는 지금도 지방의 작은 도시다. 군위교회는 성결교회로 장로교가 주를 이루는 지역에 세워졌지만 아름답게 성장해가고 있었다. 일제치하에서 신앙생활을 영위한다는 것은 쉬운 일이 아니었다. 일제의 핍박이 절정에 달했던 1937년 이종익 목사와 노성운 집사는 낡은 예배당을 헐고 새롭게 예배드릴 처소를 마련하기 위하여 철거작업을 벌이던 중 건물이 붕괴되어 하나님의 부름을 받게 되었다. 일제의 탄압으로 많은 성도들마저 교회를 떠났을 때 하나님의 나라에 소망을 갖고 교회를 지키던 이들은 생명까지도 하나님께 바친 것이다. 이들의 죽음을 기려 1990년 11월 20일 교회 창립 70주년을 기념하면서 이들의 죽음을 기리는 순직비를 세웠다.

찾아가는 길
중앙고속도로를 이용하여 군위 나들목으로 나가 군위읍까지 가면 찾을 수 있다.

생각하기
1. 어려웠던 시절에 교회를 돌보다 순직한 이종익 목사와 노성운 집사의 신앙에서 무엇을 배울 수 있는지 생각해보자.

비안교회 \ 경상북도 의성군 비안면 서부리 25, 054-861-7058

의성군 비안은 경북에서 제일 먼저 3. 1운동이 발발한 곳으로 알려져 있다. 1919년 3월 12일의 일이다. 비안지역의 3. 1운동은 기독교인들이 중심되었다. 평양신학교에 입학하기 위해 평양으로 갔던 김원휘가 서울과 평양 등지에서 일어난 독립만세 운동을 목격하고 고향으로 돌아와 쌍계동교회 박영달, 안평 괴산동교회 박영화 목사 등과 상의하여 독립운동을 추진했다.

당시 기독교인들은 박영신의 집에서 태극기 200여 장을 제작해서 군중들에게 나누어 주면서, 독립운동을 주도하였다. 이때 일본 경찰의 발포로 3명이 죽고, 6명이 부상을 당했으며 다수의 군중이 체포되었다. 비안교회는 이러한 지역에 1924년 설립되었다. 1924년 군위교회에서 비안면 동부동에 살고 있던 정두영씨 집 마당에서 3일간 전도집회를 열었는데 이때 수십명의 결신자가 나왔고 박갑년씨 주택이 예배처가 되었으며 군위교회에서 예배를 인도했다. 이에 교단 본부에서 1925년 4월에 배문준 전도사를 파송하여 교회를 섬기게 했다.

비안교회는 출발부터 민족과 함께하는 모습을 보여주었다. 박흥섭 장로는 3. 1운동에 동참했을뿐만 아니라 눈물로 기도하던 분으로 유명하다. 특히 전도대를 조직하여 북으로는 함경도, 남으로는 제주도까지 다니며 복음을 증거했다. 천일봉 장로는 농민운동을 통한 독립운동을 했다는 이유로 1943년 5월 24일 의성경찰서에 연행되어 옥고를 치르기도 하였다. 또한 비안교회는 배문준, 한명우, 박석근 목사 등 세 분의 총회장을 배출한 교회이기도 하다.

경상도의 그 어느 지역보다 독립에 대한 열망이 강했던 지역에 위치한 비안교회는 비록 지방의 작은 규모의 교회지만 신앙적인 면에서는 큰 기둥이었다.

찾아가는 길

대구에서 중앙고속도로를 이용하여 군위까지 와서 안동방향으로 4Km쯤 가면 봉양교차로가 나온다. 여기에서 안계 예천 방향으로 좌회전해서 8Km쯤 가면 비안표지판이 나온다.

생각하기

1. 박흥섭 장로에게 있어서 신앙과 민족은 별개였는지, 하나였는지 생각해 보자.

안동교회는 1909년 안동시내에서 영주 지곡교회를 출석하던 교인들에 의해 설립되었다. 안동교회는 지난 100여 년 동안 단 한 번의 분열없이 숱한 고난의 세월을 견디며 민족 복음화의 역사를 이어 온 교회이다. 일제강점기 때는 일제의 총칼로부터 교회와 고장을 지키며 독립운동에 앞장섰고, 6·25사변 전후로는 공산당으로부터 복음과 자유를 지키기 위해 목숨을 걸었으며, 한국 교회 중흥기인 1960~70년대에는 교파와 교단을 초월하여 안동 지역 복음화를 위해 힘써 일한 교회였다. 또한 안동교회는 1921년 우리나라에서 처음으로 기독청년면려회를 만들어 한국 기독교 청년운동을 주도하여 훗날 고등부, 청년회, 남선교회 전국연합회로 발전하는 기틀을 닦기도 했다. 안동교회에 가면 돌 예배당도 보아야 하지만 지난 25년 동안 성경을 국문, 영문, 일문으로 12번이나 필사한 고 김광현 원로목사 아내인 최의숙 사모의 성경도 보아야 한다. 이것은 안동교회는 말씀 위에 서 있다는 증거이기 때문이다. 그리고 안동교회에는 4대째 장로로 한 교회를 섬기는 집안이 있다. 현재 시무장로인 이정일 장로의 가정으로 한국 기독교 역사상 전무후무한 기록이 될 것이다.

찾아가는 길

중앙고속도로를 이용하여 남안동 나들목(대구에서 올 경우)이나, 서안동 나들목(서울에서 올 경우)으로 나와 안동시내로 들어와 성소병원을 지나 시청 방향으로 가면 길 옆에 위치한 교회를 찾을 수 있다.

생각하기

1. 한 교회에서 2대 목사(고 김광현 원로목사와 김기수 담임목사)가 함께 살고 있다는 사실에서 무엇을 느낄 수 있는가?

2. 안동교회가 보여준 연합정신을 어떻게 생각하는가?

인노절 선교사비 \ 경북 안동시 금곡동 124번지 경안고등학교, 054-857-4702

인노절(Roger E. Winn) 선교사비는 경북 안동 경안고등학교 교정에 세워져 있다. 인노절 선교사는 한국에 입국하여 부산, 밀양 등지에서 활동하다 1918년 안동으로 이거하여 권찬영 선교사와 함께 경안노회의 설립에도 많은 공헌을 하였으며 1920년 4월 10일 경안성서학교(현 경안신학대학원대학교)를 설립하기도 했다. 그러나 이듬해 이질에 걸려 사망했다. 그의 비 옆에는 그의 두 자녀의 묘와 비도 함께 서 있다. 안동과 영주지역은 유교가 강한 지역임에도 경상도의 다른 지역보다 기독교인의 비율이 높은 편이다. 물론 대도시와 비교할 수 없지만 안동과 영주지역의 복음화율은 매우 높다. 여기에는 권찬영 선교사와 더불어 인노절 선교사의 공헌이 크다고 하겠다.

찾아가는 길
중앙고속도로를 이용하여 서안동 나들목으로 나가 안동시내로 들어가 금곡사거리에서 영주방향으로 500여 미터쯤 가면 경안고등학교가 있다.

생각하기
1. 인노절 선교사가 설립한 경안성서신학원(현 경안신학대학원대학교) 출신들이 이 지역 복음화에 끼친 영향에 대해 생각해보자.

대구제일교회 2/2 \ 대구시 중구 동산동 234번지, 053-253-2615

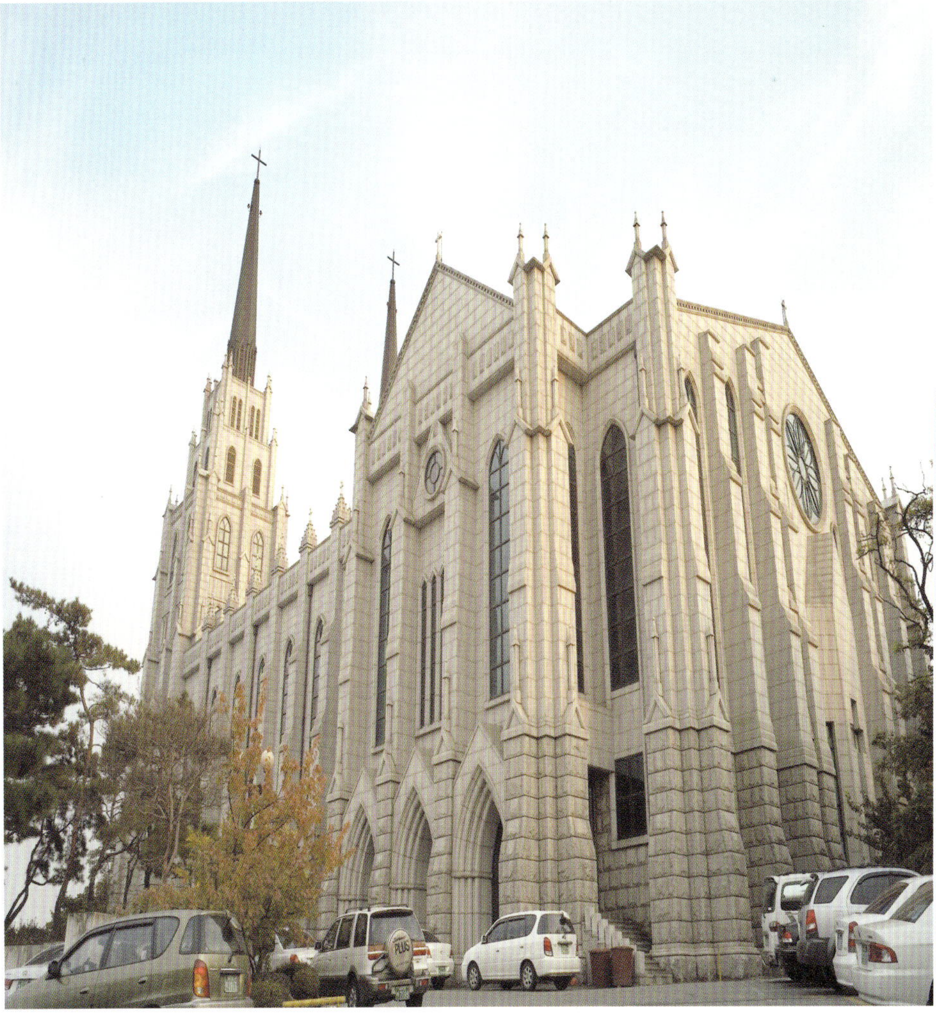

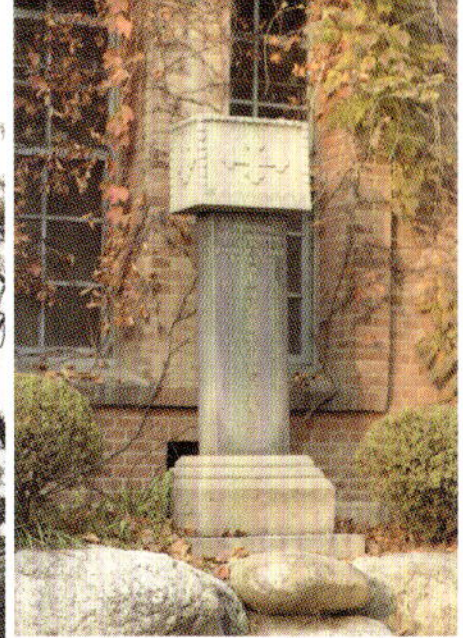

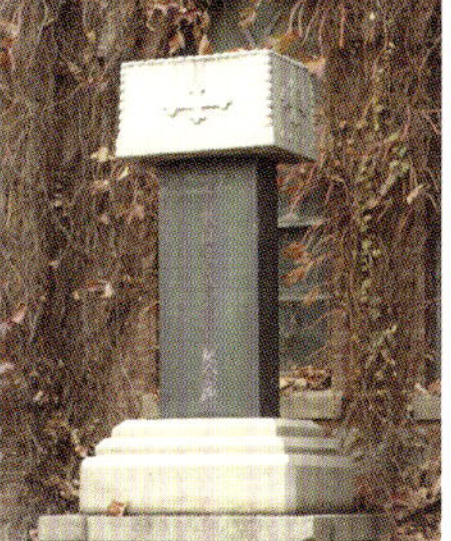

대구제일교회는 대구와 경북지역의 모교회다. 설립연도에 대해 몇 가지 주장이 있는데, 배위량 선교사가 처음 대구에서 복음을 전한 1893년을 설립연도(교회측)로 주장하기도 하고, 학자들은 1897년 안의와 선교사가 대구에 정착하면서 시작한 때를 대구제일교회(구 남성정교회)의 시작으로 주장하고 있다. 대구제일교회 구 예배당은 1992년 1월 7일 대구광역시유형문화재 제30호로 지정되었다. 대구제일교회는 담을 사이로 동산병원이 있고, 신명여고도 있다. 그만큼 대구제일교회는 역사적 현장을 담고 있다. 신명여고에 있는 3. 1운동 기념탑, 동산병원과 의료선교박물관 그리고 대구 사과의 기원이 된 사과나무 시조목이 있다. 이 나무는 1899년 제중원(현 계명대학교 동산병원)을 설립한 존슨 박사가 미국 미주리주에 주문하여 들여와 사택에서 재배하던 나무 중에서 유일하게 남아 있는 손자 나무이다. 대구시가 보호수로 지정하여 관리하고 있다.

찾아가는 길

경부고속도로를 이용하여 대구까지 가서는 대구역을 지나 동산병원을 찾으면 병원과 인접해 있는 대구제일교회를 찾을 수 있다.

생각하기

1. 배위량 선교사와 안의와 선교사의 삶에 대해 나누어 보자.

2. 대구 사과가 유명하게 된 배경을 이야기해보자.

계명대학교 동산의료원은 대구제일교회와 담을 사이에 두고 위치하고 있다. 동산의료선교관은 계명대학교 동산의료원 안에 위치하고 있다. 1999년 10월 1일 개원 100주년을 맞이하여 대구시 유형문화재로 지정된 선교사 사택 2동을 선교박물관, 의료박물관으로 설립하였다. 이와 더불어 2001년 2월 1일 교육 · 역사박물관을 개관하여 100여년의 의료 · 역사를 한눈에 볼 수 있는 귀중한 자료들을 전시하였다.

· 선교박물관(스윗즈 주택 / 대구시 유형문화재 제24호) – 각종 성경과 기타 선교 유물, 성막에 관한 자료

· 의료박물관(챔니스 주택 / 대구시 유형문화재 제25호) – 동 · 서양의학 의료기기

· 교육역사박물관(블레어 주택 / 대구시 유형문화재 제26호) – 시대별 교과서 및 민속자료, 대구 3. 1운동 관련 자료 및 사진

찾아가는 길

경부고속도로를 이용하여 대구까지 가서 서대구 나들목으로 나가 동산사거리를 지나 섬유회관에서 우회전하여 계산오거리에서 다시 한 번 우회전 하면 동산의료원을 찾아갈 수 있다.

생각하기

1. 선교박물관을 돌아보고 동산병원이 개척한 교회들에 대해 이야기해보자.

2. 초기 선교사들은 병원–학교–교회를 함께 설립하는 트라이앵글 정책을 전개하였다. 선교사들의 이러한 정책이 선교에 얼마나 큰 효과를 발휘했는지 이야기해보자.

대구시 중구 대신동 277, 053-250-2400 \ **대구 계성고등학교**

계성고등학교는 1906년 미국 북장로교 선교사 안의와(J. E. Adams)가 남문안교회(현 남성정교회) 안의 선교사 사택에서 시작되었다. 당시 대구에는 공사립 초등학교만 있었기에 중등교육기관으로는 계성고등학교가 처음이다. 안의와 선교사는 대구는 물론이고, 경상북도의 많은 지역에 복음을 전하며 교회를 설립하였다. 우리나라에 들어왔던 초기 선교사들은 트라이앵글 정책이라고 해서 교회와 학교와 병원을 함께 시작하는 정책을 펼쳤다. 대구의 경우 대구제일교회-계성고등학교-동산병원이 대표적 사례이다. 계성고등학교는 1908년 대신동에 2층 양옥을 건축하여 이전했고 계성고등학교는 1911년 11월에 운동부를 조직하여 정구, 축구, 야구를 가르치기 시작했으며 1922년에 농구부도 조직하여 이름을 날리기도 했다. 계성고등학교에는 개교 30주년인 1936년에 만든 50계단이 있다. 성경의 희년에 비유하여 자유와 해방, 용서를 의미한다. 박목월 시인, 박태준 음악가 등이 계성고등학교 출신이다.

찾아가는 길

대구 계성고등학교는 대구 중심에 위치해 있다. 대구제일교회, 동산병원, 신명여자고등학교 등이 가까운 거리에 근접해 있다. 대구 지하철을 이용할 경우 서문시장역에서 하차하여 1번 출구로 나가면 된다.

사월교회 \ 대구시 수성구 사월동 296, 053-811-2301

사월교회는 1898년 11월 21일 매호동(당시 경산군 고산면) 김명근씨 집에서 안의와 선교사를 모시고 김명근 부부와 박태복 모친 등 10여명이 모여 예배를 드림으로 시작되었다. 1902년 교인들의 다수가 살고 있는 사월동에 초가삼간을 구입하여 교회를 이전했다. 『조선예수교장로회사기』에 의하면 1901년에 설립된 교회로 기록되어 있다. 초기 역사에 대해서는 좀 더 자세하게 살펴보기 바란다. 경북 청도와 경남 밀양지역에 처음으로 복음을 전한 김경수도 사월교회 출신이다. 김경수는 경북 청도 사람으로 대구 시장에 나왔다가 안의와 선교사를 만나 기독교인이 되어 사월교회를 출석하면서 그의 고향인 청도와 그의 친척들이 살고 있는 밀양까지 복음을 전했다. 1905년부터 안의와 선교사에 이어 사월교회를 담당했던 부해리 선교사(Henry Munro Bruen)가 말을 타고 다니자 대구 시민들은 '안경말'이라고 불렀다고 한다.

찾아가는 길
대구 지하철 2호선을 이용하여 사월역에서 하차하면 교회를 만날 수 있다.

생각하기
1. 자신의 집을 하나님께 드렸던 김명근 씨 부부의 신앙을 생각해보자.

경북 포항시 북구 용흥동 562-1, 054-244-3311 \ **포항제일교회** 경상도

포항제일교회는 1905년 안의와 선교사가 영일군 북면 포항리에서 서성오, 김상오 씨 등과 함께 '포항교회'라는 이름으로 설립했다. 1909년 초가 3칸을 구입하여 첫 예배당을 갖게 되었다. 1911년에는 영흥초등학교를 설립하기도 했다. 지금은 포항소망교회가 사용하고 있는 구 예배당은 6. 25 당시 미군이 남하하는 북한군을 막기 위해 포항을 폭격하였는데 십자가가 세워져 있는 포항제일교회 예배당만 남았다는 것은 유명한 사실이다. 구 예배당이 시장 가까이 있어 늘어나는 교인을 수용할 수 없어 2003년 10월 26일 새로운 예배당을 신축하고 현재의 자리로 옮겼다.

찾아가는 길

대구 포항간 고속도로를 이용하여 톨게이트를 나가 포항 방향으로 직진하면 우측에 위치한 교회를 이내 만날 수 있다.

생각하기

전쟁 중에 모든 건물이 다 파괴된 가운데서 포항제일교회 예배당만 남겨둔 이유에 대해 생각해보자.

한동대학교 \ 경북 포항시 북구 흥해읍 남송리 3, 054-260-1111

한동대학교는 '하나님의 대학교'라는 자부심을 갖고 있는 대학이다. 1992년 9월 송태헌이 학교법인 현동학원으로 설립허가를 받아 1995년 한동대학교로 개교하고, 초대 총장에 김영길 박사가 취임하였다. 한동대학교는 긴 역사를 갖고 있지 않지만 한국사회에 끼치는 영향은 대단하다고 하겠다. 이러한 사실은 한동대학교 〈비전선언문〉에 잘 나타나 있다. 한동대학교는 기독교 정신으로 민족과 세계를 변화시키는 21세기 지도자들을 교육하는 국제적인 대학교가 될 것이며, 탁월한 자질과 훌륭한 기독교적 인성, 특히 정직과 봉사의 희생정신을 겸비한 새로운 지도자들을 배출할 것이다. 첫째, 한동대학교는 사랑, 겸손, 봉사의 정신으로 하나님의 영광을 위하여 세상을 변화시키는 각계 각층의 정직한 그리스도인 지도자를 양성한다. 둘째, 한동대학교는 전문성과 도덕성을 바탕으로 지역사회와 국가 및 세계, 특히 개발도상국을 섬기고 봉사하는 정직한 국제적 지도자를 양성한다. 셋째, 한동대학교는 기독교 세계관 아래 여러 학문 분야에 헌신하여 교육의 참된 목표를 확립하고 성경적 창조론을 회복하며, 훼파된 윤리 도덕을 회복시켜 나가는 유능하고 정직한 지성인을 양성한다. (이사야 58:12)

찾아가는 길

대구 포항간 고속도로를 이용하여 톨게이트를 나가 우현사거리까지 가서는 한동대 표지판을 보고 가면 된다. 톨게이트에서 약 20분 정도 소요된다.

생각하기

1. 한동대학교가 '하나님의 대학교'로 선언한 것에 대해 어떻게 생각하는가?

자천교회는 1903년에 어드만 선교사가 교인들과 합심하여 교회를 설립하였다. 건물은 동서쪽으로 약간 긴 네모 형태의 우진각 지붕이며, 출입구는 양쪽에 두 개를 만들었다. 내부는 정면을 중심으로 후면에 두 개의 온돌방을 만들어 순회하는 선교사들이 사용하게 했다. 중앙에는 칸막이를 만들어 남녀 석을 구분했다. 자천교회는 2003년 경상북도 지방문화재로 지정되어 경상북도와 영천시에서 재정을 지원받고 문화재 전문가들의 고증을 거쳐 복원공사를 했으며 2006년 4월 1일 준공감사예배를 드렸다. 최근에는 예배당 앞에 위치하고 있던 한옥을 기증받아 교육관으로 사용하고 있어 한옥예배당의 운치를 마음껏 발산하고 있다.

찾아가는 길

경부고속도로를 이용하여 부산방향으로 달리다가 대구—포항간 고속도로를 이용하여 포항방면으로 달리다가 북영천 나들목으로 나가 35번 국도를 이용하여 청송 방향으로 달리다 보면 화남면 삼창을 지나 화북면까지 가면 자천교회를 만나게 된다.

생각하기

1. 초기에 건축된 예배당을 그대로 보존하고 있다는 사실에서 무엇을 느끼게 되는지 이야기해보자.

경주제일교회 \ 경북 경주시 노동동 176번지, 054-742-0211

경주제일교회는 고종36년(대한제국 광무 6년) 당시 경주 큰 장날 안의와(J. A. Adams) 선교사의 노방전도로 예수를 믿게 된 박수은, 김순명, 이남생씨 등 10여 명이 경주시 성건동 197번지 초가에 예배처소를 정하고, 1902년 5월10일 안의와 선교사의 인도로 첫 번째 예배를 드림으로 시작되었다. 경주제일교회는 불국사가 보여주듯 불교의 세력이 강한지역의 모교회로서 지역사회에 빛과 소금의 역할을 감당해 오고 있다. 1909년에는 계남학교를 설립하기도 했고, 3. 1운동 당시에는 많은 교인들이 참여하여 독립운동에 가담하기도 했다. 현재의 위치로 예배당을 이전한 것은 1920년이다. 이때 지은 예배당을 지금도 교육관 등 다양한 용도로 사용하고 있을 정도로 보존이 잘 되어 있다. 경주제일교회의 본래 이름은 '경주읍 노동교회'였는데 1947년에 경주제일교회로 명칭을 개명하여 오늘에 이르고 있다.

찾아가는 길

경부고속도로를 이용하여 경주 나들목으로 나가 경주역을 찾아가 경주역에서 법원, 검찰청 방향으로 300m 정도 진행한 뒤 신한은행 4거리에서 좌회전하면 오른쪽에 경주제일교회가 있다.

생각하기

1. 불교의 세력이 강한 지역임에도 복음을 들고 갔던 안의와 선교사의 믿음을 생각해보자.

부산시 동구 초량1동 1005번지, 051-465-0533 \ **초량교회**　　경상도

초량교회는 부산진교회와 더불어 부산지방 초기 교회다. 배위량 선교사가 1892년 5월 영선현에 위치한 자신의 '사랑방 모임'에서 초량교회가 시작되었다. 그리고 같은 해 11월 7일 초량교회를 설립했다. 배위량 선교사는 후에 평양으로 이주하여 숭실대학교를 설립할 정도로 교육에 관심이 많은 선교사였다. 초량교회는 늘 민족과 함께 질곡의 역사를 통과해 왔다. 구한 말 근대화와 일제 강점기에는 우리 민족의 독립을 위해 교인들과 함께 싸웠고 일본에 대항하며 신사참배 운동을 반대했다. 또한 한국전쟁 당시에는 피난 성도들의 마지막 보루였다. 초량교회는 우리 기독교 역사에서 빼놓을 수 없는 주기철 목회자이 계시던 곳이다. 초량교회 제 3대 담임 목사인 주 목사는 우상에게 절할 수 없다며 일본의 신사참배를 반대하는 신앙의 지조를 지키다 순교했다. 담임 목사의 올곧은 기질은 성도들에게서도 그대로 나타난다. 초량교회에 가면 역사전시관이 있다. 초량교회의 초기 자료들은 물론이고, 주기철 목사가 사용하던 강대상도 보관되어 있다.

찾아가는 길

초량교회는 부산역에서 매우 가까운 거리에 있다. 부산역에서 건너다 보이는 산 중턱에 있다. 부산역 광장에서 길 건너 좌측을 보면 국민은행이 보이는데 그 길로 올라가면 정면으로 초량파출소가 보이고 그곳에서 우회전하면 초량초등학교 옆에 초량교회가 위치하고 있다.

생각하기

1. 초량교회는 부산지방 초기교회 중 하나다. 초량교회가 부신지방에 끼친 공헌을 이야기해보자.

2. 배위량 선교사에 대해 이야기해보자.

부산진교회 \ 부산시 동구 좌찬동 763, 051-647-2452

부산진교회는 초량교회와 더불어 부산지역 모교회다. 1890년 미국 북장로교 선교부는 배위량(W. Baird) 선교사를 부산으로 파송하여 복음을 전하게 했다. 배위량 선교사는 미국 공사 헤어드(A. Heard)의 도움을 받아 부산진에 약 80평 대지의 한옥을 확보, 동년 11월 그는 부인, 당시 공관에서 일하던 미국인 가족들, 자기 집에서 일하던 한국인 몇 사람과 예배드리기 시작했다. 그 후 1891년 1월에 설립예배를 드림으로 부산진교회가 시작되었다. 배위량 선교사는 후에 평양으로 이전하여 숭실대학교를 설립했다. 부산진교회는 1894년 4월 22일 남자 1명과 여자 2명에게 세례를 베풀었다. 1904년에는 심취명 장로가 임직을 받아 당회가 조직되었다. 심취명 장로는 부산지역에서는 처음으로 장로가 되었고, 나중에는 목사가 되어 경상도 여러 지역의 교회를 돌봤다.

찾아가는 길

부산역에서 지하철 1호선을 이용하여 좌천역에서 하차하여 3번 출구로 나가 일신기독병원과 일신유치원 위에 위치한 교회를 쉽게 만날 수 있다.

생각하기

1. 배위량 선교사가 한국교회에 끼친 공헌을 생각해보자.

부산시 동구 좌천동 793, 051-647-2452 \ **부산일신여학교** · 경상도

현재의 동래여자고등학교는 1895년 호주 여자전도부에서 부산진 좌천동에 '사립일 신여학교' 라는 이름으로 개교했다.
한국에 들어온 선교사들은 주로 일본 요코 하마에서 배편을 이용해 입국했기에 부산 을 경우하곤 하였다. 부산에 먼저 복음을 전했던 선교사들은 미국 북장로교 선교사 들이었으나 이들이 대구와 서울, 평양지역 으로 이주하자 부산과 경남은 호주 장로교 선교부가 담당했다. 호주 선교부는 일신병 원을 설립하여 여성들의 건강에 일익을 감 당하기도 했고, 일신여학교를 설립하여 많 은 여성지도자를 배출했다. 의열단 단장과 결혼한 박차정 열사도 일신여학교 출신이 다. 일신여학교는 3. 1운동 당시 독립운동 에 적극 가담하기도 했다.

1925년 동래구 복천동 500번지로 이전하 여 '동래일신여학교' 고 개명했다. 그러나 신사참배를 끝까지 반대하여 1940년 학교 가 폐쇄되는 아픔도 겪었다. 그러나 안타 깝게도 1940년 구산학원(현 동래학원)에 넘기고 말았다.

찾아가는 길
부산역에서 지하철 1호선을 이용하여 좌천역에서 하차하여 3번 출구로 나가
일신기독병원과 일신유치원 위에 위치한 교회를 쉽게 만날 수 있다.

고신신학대학교 \ 부산시 영도구 동삼1동 149-1번지, 051-990-2114

고신대학교는 1946년 한상동, 주남선 목사 등이 '고려신학교'라는 이름으로 설립하였다. 교훈은 '코람데오(CORAM DEO- 하나님 앞에서)'이다. 한편 1955년 '칼빈학원'을 설립하여 신학과, 종교학과, 영문학과, 철학과를 개설하였다. 1961년 두 학교를 병합하여 1962년 고려신학교로 복교하였다. 1970년 고려신학대학으로 승격하고 신학과를 개설하였다. 1976년 기독교교육과를 신설하고 1978년에는 대학원 인가를 받았다. 1980년 고신대학으로 개칭하고, 1993년 고신대학교로 교명을 변경하였다. 한편 고려신학대학원은 충남 천안시 삼용동 40번지에 위치하고 있으며 송도 캠퍼스도 있다.

찾아가는 길

부산시내에서 영도대교를 건너 직진하다 영도소방서 앞 삼거리에서 좌회전하여 계속해서 가면 고신대학교를 찾아갈 수 있다. 한편 고려신학대학원은 경부고속도로를 이용하여 천안 인터체인지로 나와 좌회전→ 독립기념관 방면, 천안대로)→ 삼용사거리에서 좌회전→ 천안삼거리 공원을 지나 경부고속도로(굴다리) 아래에서 좌회전하면 된다.

부산시 서구 암남동 34, 051-990-6114 \ **고신대학교 복음병원**

고신대학교 복음병원은 1951년 '복음진료소'라는 이름으로 남항동에 위치한 제3영도교회에서 시작되었다. 초대원장에는 장기려 박사가 취임했다. 6. 25전쟁 직후 피난민과 가난한 환자를 치료하기 위해 무료병원으로 시작된 것이다. '시대의 성자'로 불리는 성산 장기려(聖山 張起呂)박사는 동란 중 복음진료소와 1951년 12월 영도 구 영선동 2가 180번지로 이전한 천막병원인 '복음의원'에서 무료진료하면서 인술을 베풀어 가난한 이웃들에게 참사랑을 실천하였다. 1957년 현 위치로 이전한 후 발전이 지속되는 가운데 1981년에는 의학부(의대)가 설립되고, 1968년 설립한 복음간호전문대학을 설립했다.

찾아가는 길

고신대학교 복음병원은 송도에 위치하고 있다. 부산역에서 충무로 로터리 방향으로 진행하다 좌회전하여 송도로 건너가는 다리를 건너 안내 표지판을 보면서 송도 아랫길이나 윗길로 가면 만날 수 있다.

생각하기

1. 6. 25직후 가난한 동족을 위해 기독교 정신으로 시작한 신앙인들에 대해 생각해보자.

부산장신대학교 \ 경상남도 김해시 구산동 764, 055-320-2500

부산장신대학교는 1953년 10월 '대한예수교장로회 대한신학교 부산분교' 라는 이름으로 시작되었다. 노진현, 이수필, 구영기, 장승환, 김천규 5인이 실무를 담당하고 초대 이사장에는 이순경 목사, 초대 교장에는 노진현 목사가 취임했다. 당시에는 아직 학교 건물이 없어 중앙교회, 북성교회, 광복교회를 임시교사로 정하고 수업을 진행했다. 1956년에는 대한예수교장로회 총회 신학교로 발전시키기 위하여 '대한예수교장로회 부산신학교' 로 교명을 바꾸었다. 부산장신대학교는 1999년 현재의 자리에 건축을 시작하여 완공한 후 이전하였다.

찾아가는 길

남해고속도로를 이용하여 서김해 나들목으로 나가 진영 방향으로 직진하면 KAL 아파트를 지나 바로 좌회전하면 산 위에 위치한 학교를 만날 수 있다.

경남 진해시 성내동 385번지, 055-546-5891 \ **웅천교회**　**경상도**

웅천교회는 1900년 5월 2일 설립되었다. 웅천은 임진왜란 당시 일본에 와 있던 세스페데스 신부가 입국했던 장소이기도 하다. 하나님께서는 신부가 입국했던 곳에서 주기철 목사가 태어나게 하셨다. 주기철 목사를 이야기하지 않고 웅천교회를 말할 수 없다. 그는 웅천에서 이광수의 강연을 통해 신앙을 통한 나라 사랑을 결심하게 되었다. 또한 김익두 목사가 마산 문창교회에 와 말씀을 증거할 때 참석하여 많은 은혜를 받았다. 주기철 목사의 신앙은 하나님 사랑, 나라 사랑으로 요약할 수 있다. 웅천교회 뜰에는 주기철 목사 기념비가 서 있고, 주기철 목사 기념관도 있다. 임진왜란 당시 일본군들이 침략했던 그곳에 하나님 나라를 세운(?) 주기철 목사를 세우셨다는 사실에서 하나님의 놀라운 섭리를 볼 수 있다.

찾아가는 길

웅천교회 가는 길은 크게 두 가지 방법이 있다. 고속도로를 이용하여 김해나 마산까지 가서는 진해-부산 간 산업도로를 이용하여 웅천까지 가면 된다. 웅천초등학교 골목으로 들어가 300미터쯤 가면 웅천교회가 보인다. 이때 신대구부산고속도로를 이용하여 톨게이트를 나가 김해공항을 지나 계속해서 직진하면 진해-부산 간 산업도로를 만나게 된다.

생각하기

1. 신앙생활 하는 동안 평생 사표가 되는 신앙의 스승이 있는지 생각해 보고 이야기를 나누어 보자.

창신대학교 선교사묘비 \ 경상남도 마산시 합성2동 1, 055-250-3001

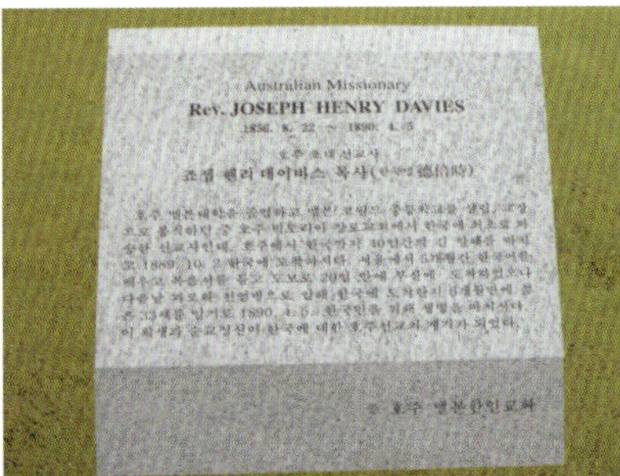

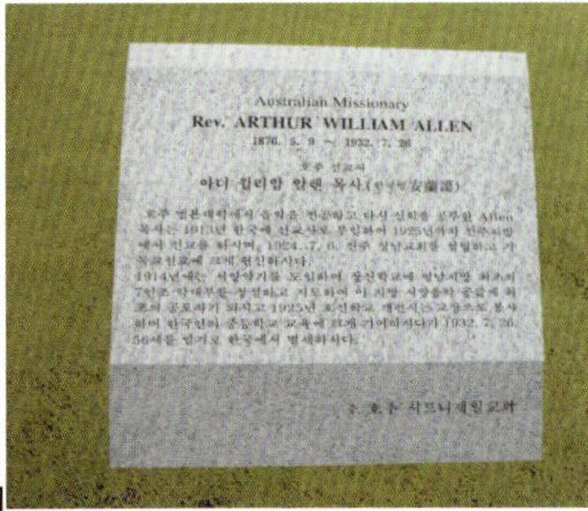

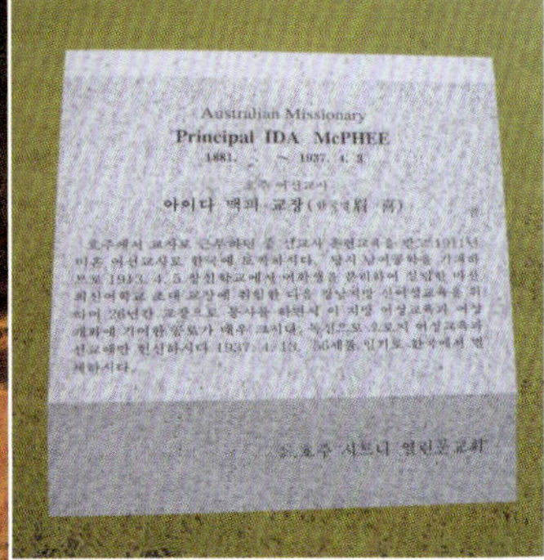

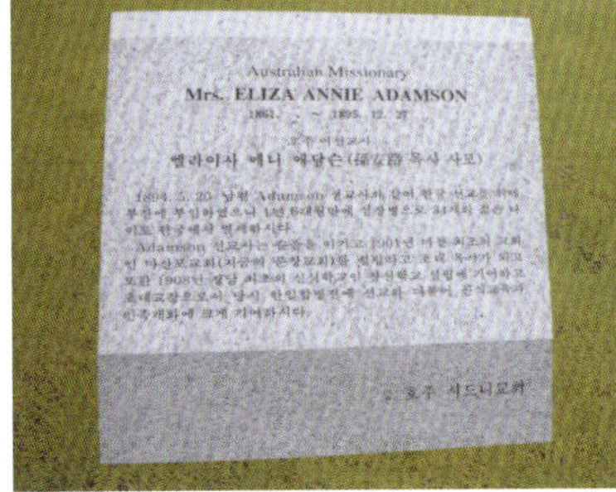

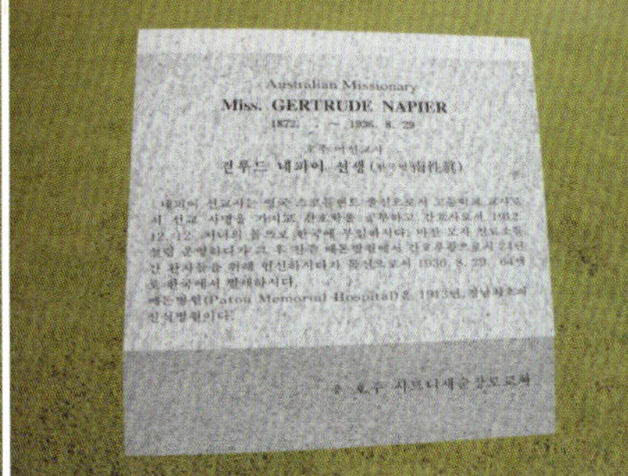

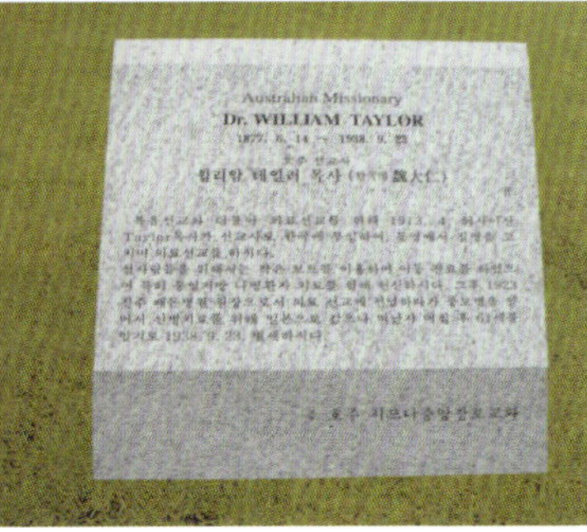

창신학교는 1909년 마산지역에 설립된 최초의 학교이다. 3. 1운동에도 적극 참여하였고 1939년에는 폐교가 되는 아픔을 겪기도 했다. 창신학교는 1990년 '창신전문대학'으로 발전되었다. 그리 긴 역사는 아니지만 창신학교가 기독교정신으로 시작된 학교인 만큼 기독교정신으로 학교를 운영하고 있다. 창신대학교 교정에는 맥피(Ida Mcphee) 선교사를 비롯한 8명의 선교사 묘비가 2005년 10월 15일 건립했다. 맥피 선교사 묘는 본래 마산시 회원2동 산 63-3번지에 있었다. 맥피 선교사는 1911년 호주장로교 선교사로 내한하여 1912년 마산의 의신여학교 초대 교장으로 부임하여 마산과 부산 진주 등 이 지역에서 활동하다 1937년 진주에서 사망했다. 선교사들의 묘가 제대로 관리되지 않던 것을 안타깝게 생각하여 창신대학교 구내에 묘비를 건립하게 된 것이다.

찾아가는 길
고속도로를 이용할 경우 동마산 나들목으로 나가 창원대로 방향으로 가면 이내 만날 수 있다.

생각하기
1. 복음을 전해준 선교사들에 대해 얼마나 감사하고 있는지 생각해보자.

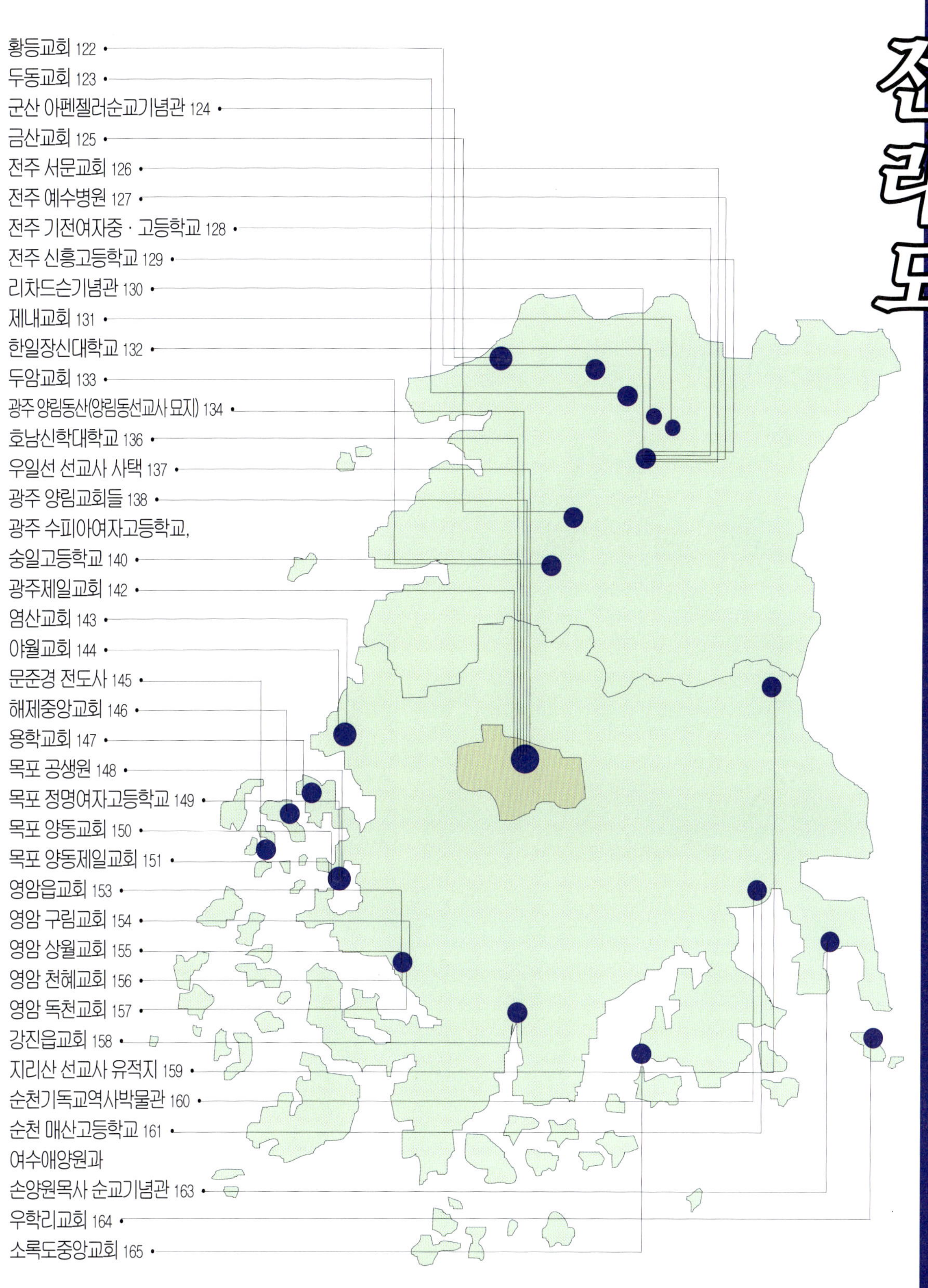

전라도

황등교회는 1921년 계원식 장로가 설립한 교회다. 계원식 장로는 평양 기성의원 원장을 지내다 황등으로 이주하여 기성의원을 설립하고 병원에서 시작된 기도회가 황등교회의 기원이다. 계원식 장로는 의술이 뛰어나 일본 사람들이 군산으로 이주하여 일본인들을 치료해 달라고 부탁했지만 이를 거절하고 가난한 이들을 위해 헌신하며 복음을 전했다. 장로회신학대학 학장을 지낸 계일승 박사가 계원식 장로의 아들이다. 황등교회는 1944년 계일승 변영수 등이 일본 지주를 비난하는 내용의 연극을 공연했다가 이리경찰서로 연행되어 고문을 당하기도 했다. 6. 25 사변 때 변영수 장로와 계일승 목사의 부인인 안인호 집사, 이성권 등이 북한군에 의해 학살당하는 일도 있었다. 황등중·고등학교를 설립하여 교육에도 많은 노력을 기울이고 있는 교회다.

찾아가는 길
호남고속도로를 이용하여 익산 나들목으로 나가 금마를 지나면 이내 황등면을 만나게 된다.

생각하기
1. 편안한 삶을 마다한 계원식 장로는 왜 고난의 길을 걸었는지 생각해보자.

두동교회가 위치한 두동리에 처음 복음을 전한 선교사는 해리슨이다. 그는 1896년에 내한하여 서울, 목포에서 활동하다 1915년 이후 군산지역에서 활동했다. 이 때 박재신의 집안 여인들이 부곡교회를 출석하고 있었는데 손이 귀한 가정에서 박재신의 처 한재순이 임신하게 되자 박재신이 자신의 사랑채를 예배당을 헌당하였다. 그러나 교회가 성장하게 되자 1929년 현재의 'ㄱ'자 예배당을 건축하게 되었다.

이 예배당은 2002년 4월 6일 전북문화재 자료 제179호로 지정되었다. 현재 우리나라에 남아 있는 'ㄱ'자 예배당은 김제 금산에 있는 금산교회와 더불어 두동교회가 유일하다. 선교 초기 남녀유별의 유교문화를 슬기롭게 피하면서 복음을 전하려고 노력했던 선조들의 지혜가 엿보이는 대목이다. 남녀 회중석을 직각으로 배치하여 서로 볼 수 없도록 하였으며 두 축이 만나는 중심에 강단이 위치하고 있다. 남녀 회중석 모두 3칸 크기로 같은 규모이다.

찾아가는 길

호남고속도로를 이용하여 익산 나들목으로 나가 황등과 함열을 지나 두동교회를 찾아가면 된다.

생각하기

1. 하나님은 남녀를 차별하는 분이 아니다. 그럼에도 'ㄱ'자 예배당을 건축한 것은 비신앙적이라고 생각하는가? 아니면 문화적응주의 태도라고 보는가?

서울시 종로구 연지동 136-12, 02-763-7244 \ **군산 아펜젤러순교기념교회** **전라도**

한국교회 안에는 아직 순교에 대한 개념이 명확하게 정리되어 있지 않아 아펜젤러 선교사의 죽음이 '순교인가? 아닌가?' 를 말하기는 어렵다. 아펜젤러 선교사는 1902년 성경을 번역하는 모임에 참석하기 위해 배편을 이용하여 목포로 가다가 어청도 부근에서 배가 좌초되는 바람에 죽게 되었다. 조난당한 배에서 살아남은 광산업자 보올비에 따르면 아펜젤러 선교사는 충분히 탈출할 시간이 있었음에도 불구하고 배 아래 칸 3등 선실에 있던 한국인 조수와 이화학당 여학생을 구하려고 내려갔다가 참변을 당했다고 한다. 혼자만의 탈출 대신, 조선인 친구를 구하려다 희생당한 아펜젤러 선교사는 친구를 위하여 내 목숨을 내놓는 것보다 더 위대한 일은 없다고 한 요한복음의 말씀을 실천한 인물이다. 아펜젤러순교기념교회는 아펜젤러 선교사의 순교 105주년을 맞이하며 설립되었다. 숙소와 아펜젤러 선교사 탐방 프로그램도 마련되어 있다.

찾아가기

서해안고속도로를 이용하여 동군산 나들목으로 나가→우회전(새만금/군장국가산업단지 자동차전용도로)→자동차전용도로를 타고 15km→자동차전용도로 종점에서 2km→갈대공원입구 신호등 밑에서 우회전 50m→아펜젤러순교기념교회

생각하기

1. 아펜젤러 선교사의 죽음이 순교라고 생각하는가?

금산교회 \ 전북 김제시 금산면 금산리 290-1, 063-548-4055

전북 김제 모악산 기슭에 자리한 '금산교회'는 신도가 100여명 남짓한 작은 교회지만, 100년 전 지어진 원형 그대로 잘 보존돼 있어 역사적 가치를 지니고 있다. 금산교회는 한국교회 초기예배당의 'ㄱ'자 모습을 그대로 보존하고 있다. 남녀가 유별했던 시대의 모습을 간직하고 있는 것이다. 금산교회에 가면 당시에 사용하던 풍금뿐만 아니라 상량, 대들보, 마루 등 그 골격이 100년 동안 조금도 손상 없이 잘 보존돼 있으며, 당시 목사님들이 강단에 들어설 때 머리를 숙이고 들어오는 '쪽문'을 볼 수 있다.

금산교회에 가면 반드시 조덕삼 장로와 이자익 목사의 이야기를 들어야 한다. 조덕삼의 마방에서 마부로 일하던 이자익이 금산교회 초대장로로 피택되자 조덕삼은 이자익을 교회 지도자로 모셨다. 후에는 신학공부를 할 수 있도록 도와주어 목사안수를 받자 금산교회 목사로 청빙하기도 했다. 이자익 목사가 3번씩이나 총회장으로 뽑히기도 했던 바탕에는 조덕삼 장로의 헌신이 있었기 때문이다.

찾아가는 길

호남고속도로를 이용하여 금산사 나들목으로 나가 금산사를 향해 가다보면 금산교회를 만날 수 있다. 길옆에 위치하고 있으나 자세히 보아야 한다.

생각하기

1. 'ㄱ'자 예배당이 건축된 당시의 문화에 대해 이야기해보자.

2. 주인이 종을 장로로, 담임목사로 섬겼던 조덕삼 장로의 신앙에 대해 생각해보자.

전북 전주시 완산구 다가동 3가 123번지, 063-287-3270 \ **전주서문교회** **전라도**

전주서문교회는 1893년 6월 미국 남장로교 선교회 소속의 레이놀즈 선교사의 파송을 받은 정해원씨가 완산 밑 은송리 초가1동을 마련하고 예배당을 설립했다. 미국 남장로교는 전주지역에 선교부를 설치하려고 하였지만 반대가 심해 정해원씨를 파송하여 전초기지를 마련했던 것이다. 1897년 7월 5명에게 처음 세례를 베풀었다. 1905년 9월에는 서문 밖 현 위치로 옮겨 780평의 땅을 구입하고 건평 50평의 벽돌 기와지붕 예배당을 건축했다. 1908년 8월 김필수씨를 장로로 장립하므로 당회가 조직되었다. 같은 해 12월에는 전북 여러 지역을 다니며 선교하다 별세한 전킨 선교사를 기념하는 종각을 세우기도 했다. 1920년대에 들어서서는 여자야학회, 전주유치원, 숭덕성경학교 등을 개설하여 인재를 키우는 일에도 앞장서기도 했다.

찾아가는 길
호남고속도로를 이용하여 서전주 나들목으로 나가 시내로 직진하면 예수병원과 신흥고등학교를 지나 다가교를 건너면 바로 전주서문교회를 찾을 수 있다.

생각하기
1. 레이놀즈 선교사에 대해 생각해보자.

2. 전주지역 최초의 교회로서 전주서문교회의 의의를 생각해보자.

전주 예수병원 \ 전북 전주시 완산구 중화산동 1가 300번지, 063-230-8114

전주 예수병원은 1898년 미국 남장로교 여선교사 M. 잉골드가 여성을 상대로 외래진료소를 개원하면서 시작되었다. 예수 그리스도의 이름으로 의료사업 및 전도사업을 행함으로 그리스도의 증인이 될 것을 목적으로 시작한 것이다. 1949년부터 의사를 양성하기 시작하였고, 1950년에는 간호학교를 설립하여 많은 간호사를 배출하였다. 1971년 재단법인 예수병원 유지재단을 설립하고 병원(253병상)을 신축하였다. 1982년 오지지역 주민을 위한 부설 의원인 고산분원(10병상)을 설립, 의료 취약지역의 의료사업과 무의촌지역에 부설 의원을 설치하는 등 지역사회 보건사업에 힘썼다. 또한 극빈환자의 치료와 직업재활 훈련도 실시하고 있다. 특히 1985년에 방사선치료센터를 설치하여 암환자 치료에 적극 힘쓰고 있다.

찾아가는 길

호남고속도로를 이용하여 서전주 나들목으로 나와 전주 시내로 직진하여 이동교를 건너면 이내 예수병원을 만나게 된다.

생각하기

1. 조선말 인간대우를 받지 못하던 이 땅의 여성들을 인간적으로 대하던 선교사들의 모습에서 전주시민들은 무엇을 생각했을까?

전북 전주시 완산구 우전로 137번지, 063-236-5088 \ **전주기전여자중 · 고등학교**

전주기전여자중학교는 1900년 4월 24일 미국 남장로교에서 파송한 테이트 선교사에 의해 설립되었다. 일제치하에서도 독립정신을 지켰으며, 신사참배 강요를 단호하게 거부하다가 1937년 10월 5일 자진 폐교하기도 하였다. 1945년 해방과 더불어 1946년 11월 26일 복교화여 경천(敬天), 순결(純潔), 애인(愛人)을 교훈으로 하나님의 말씀에 순종하는 착하고 선한 인격을 함양하며, 이웃을 사랑하고 국가를 위해 봉사할 인물을 양성하는데 심혈을 기울이고 있다. 전주기전여자중학교는 학교법인 호남기독학원에 소속되어 있는데 모두 11개의 학교가 있다. 전주기전여자중 · 고등학교, 전주신흥중 · 고등학교, 광주수피아여자중 · 고등학교, 순천매산중 · 고등학교, 순천매산여자고등학교, 목포정명여자중 · 고등학교이다.

찾아가는 길

호남고속도로를 이용하여 서전주 나들목으로 나가면 찾아갈 수 있다. 김제(이서) 방향으로 직진하다가 마전교를 지나 전북지방경찰청을 지나면 만날 수 있다.

전주신흥고등학교는 한국교회가 지금도 사용하고 있는 개역성경의 대부분을 번역한 레이놀즈 선교사에 의해 1900년 9월 9일 설립되었다. 레이놀즈 선교사는 미국 남장로교 선교사로 내한하여 전주에서 활동하던 중 전주신흥고등학교를 설립하였다.

교훈은 지(진리를 추구하고), 인(사랑을 실천하고), 용(정의를 실현한다)이다. 전주신흥고등학교는 3. 1운동 당시 독립운동에도 앞장섰고, 신사참배반대운동에도 적극적이었다. 일제가 집요하게 신사참배를 강요하자 스스로 폐교하기에 이르렀다. 그것은 신앙의 가르침 때문이다.

찾아가는 길

호남고속도로를 이용하여 서전주 나들목으로 나가 시내로 직진하면 이동교를 건너 예수병원을 지나면 바로 신흥고등학교이다.

전북 전주시 완산구 중화산동 188번지, 063-232-7070 \ 리차드슨 기념관 전라도

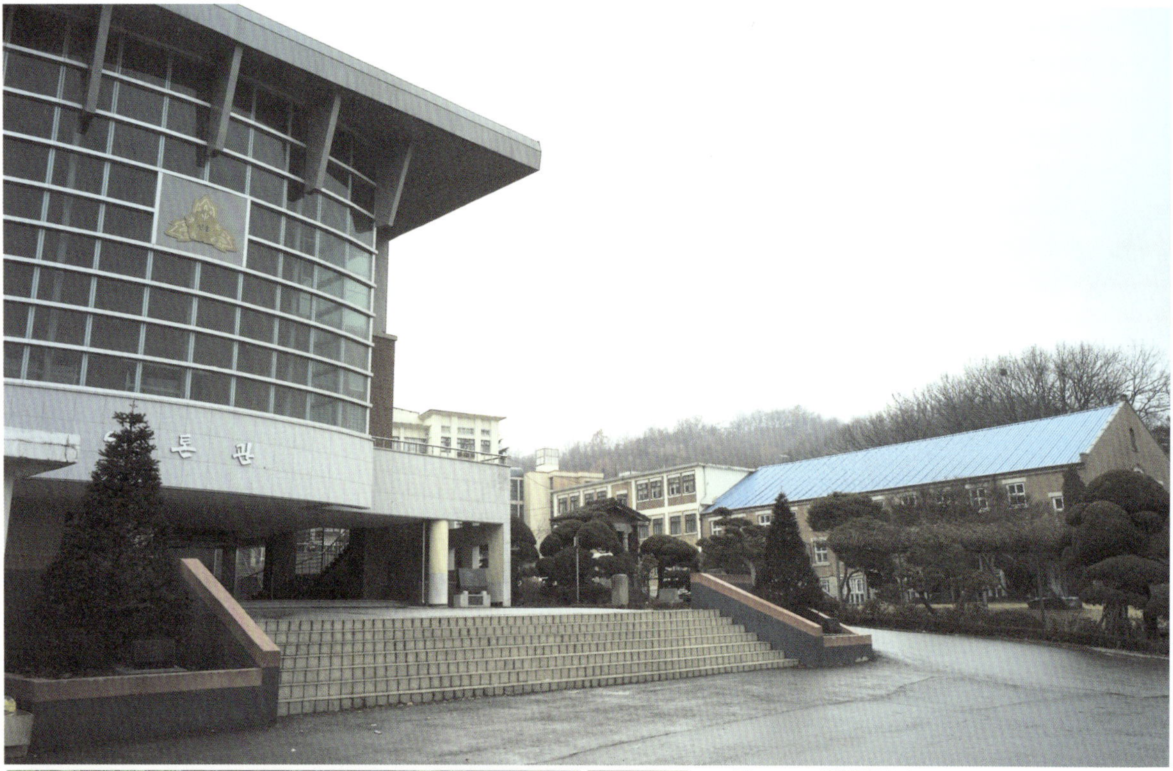

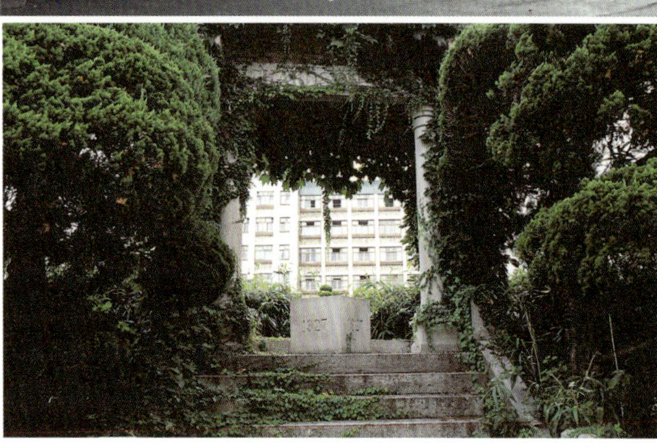

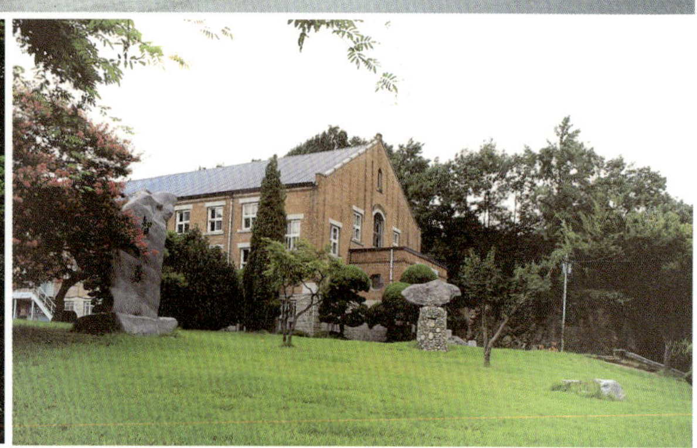

전주신흥고등학교 안에 있는 건물. 1900년에 설립된 신흥학교는 한강 이남지역 최초의 근대교육 시설로 1937년 신사참배 강요에 맞서 학교를 자진 폐교하는 아픈 역사를 겪기도 하였을 뿐만 아니라 제주도를 포함한 호남지역의 기독교 선교에 지대한 공헌을 한 학교이다. 1936년 리차드슨 여사의 기증을 받아 건립된 강당 겸 체육관 건물과 1982년 화재로 소실되고 남은 본관 건물의 현관이 문화재로 등록되었다. 리차드슨기념관은 미국 남장로교 선교회의 호남지역 선교 역사를 보여주는 상징적 의미의 건축물로 근대교육사, 건축사, 기독교사, 향토사적 가치가 있다.

제내교회는 1900년에 완주군 봉동읍 제내리 만동마을에서 13명이 모여 예배를 드리며 출발했다. 1903년 4월 초가삼간을 건축해 예배당을 갖게 되었으며 1904년 미국 캐롤라이나 출신인 마로덕 선교사가 초대 담임목사를 지냈다. 제내교회는 이곳에도 순교자의 발자취가 남아 있는 곳이다. 1950년 6. 25사변 당시 김상천 장로와 김현경 장로가 순교 당하고 황해주 장로는 총알 관통상을 입었다. 교회 입구에 순교자기념비가 서 있다.

찾아가는 길
호남고속도로를 이용하여 익산 나들목으로 나가 완주 방향으로 가면 봉동읍을 만나게 된다.

생각하기
1. 서로 갈등하지 않고 목회자들이 합력해서 성도들을 돌보던 지역에서 순교자가 나왔다는 사실에서 무엇을 생각하게 되는가?

전북 완주군 상관면 신리 694-1번지, 063-230-7863 \ 한일장신대학교

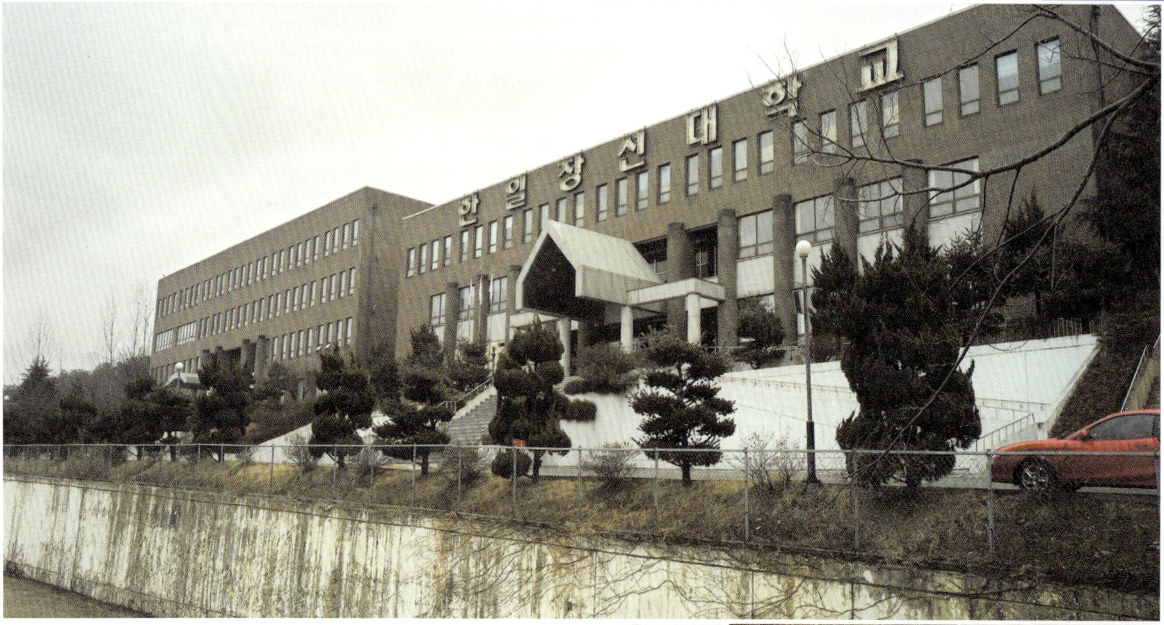

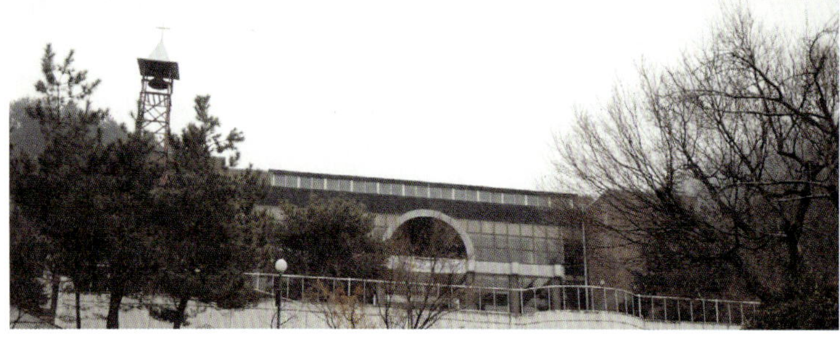

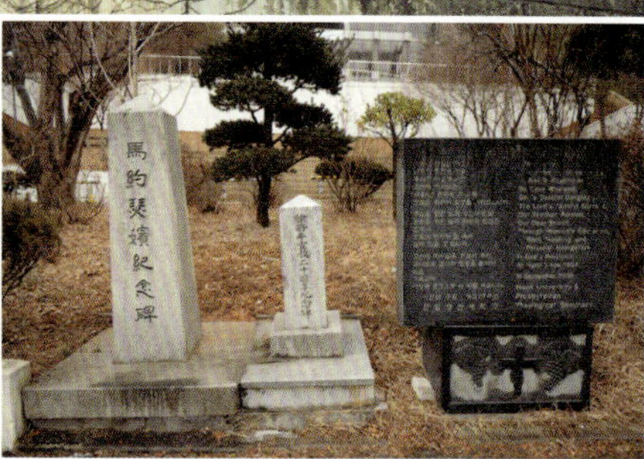

한일장신대학교는 1922년 6월 2일 광주에서 여선교사 쉐핑(E. J. Shepping)에 의해 여성을 위한 전도부인(Bible Woman) 양성학교로 시작되었다. 그 다음 해인 1923년 9월 4일 전주에 설립된 여성성경학교는 1928년에 미국에 있는 하밀톤부부(Mr.& Mrs. Thedres Hamilton)의 교사 신축헌금으로 중화산동 1가 155번지에 교사를 신축하고 교명을 '전주한예정성경학교'로 개명하여 학생 교육을 하게 되었다. 그 이후 1940년 9월과 10월에 신사참배 거부로 광주와 전주의 성경 학교는 폐교를 당했으며 일제가 패망하면서 1945년 8월 복교했다. 전주 한예정성경학교는 1952년 전주 고등성경학교로 인가받아 보다 수준 높은 교육을 실시하던 중 1956년 '전주 한예정성서신학원'으로 교명을 변경하고 전라북도 교육위원회로부터 고등학교령에 의한 학교로 인가되었다. 1961년 4월에는 전주 한예정성서신학원의 '한' 자와 광주 이일성서 신학교의 '일' 자만을 따서 '전주 한일신학원'으로 합병하여 미국인 선교사 고인애 여사가 초대교장으로 취임하였다. 1967년 7월 전라북도 교육위원회로부터 '한일신학원'을 '한일여자신학교'로 변경 인가를 받았으며 74년 10월 제1대 학장에 강택현 목사가 취임하였고, 1978년 9월 대한예수교 장로회(통합) 총회로부터 지방 신학교로 인준을 받았다.

찾아가는 길 호남고속도로를 이용하여 전주 나들목으로 나가 17번 국도를 이용하여 전주역까지 가서 동부우회도로를 이용하여 임실, 남원방향으로 20여분 가면 한일장신대학교를 만날 수 있다.

두암교회 \ 전북 정읍시 소성면 애당리 316번지, 063-537-6839

두암교회는 일제시대에 설립된 교회이나 정확한 설립연대는 아직 알려지지 않고 있다. 그럼에도 우리가 이 교회를 찾아가는 이유는 순교자들의 피가 있기 때문이다.
두암교회는 아들 김용은의 전도로 예수를 믿게 된 윤임례 집사가 중심에 있었다. 처음에는 동리에 교회가 없어 십오리를 걸어 이웃마을의 교회에 출석하다 해방이 되면서 성도들이 힘을 합해 두암리에 두암교회를 세웠다. 윤임례 집사의 헌신적인 사역으로 당시 두암마을 31가구 모두가 예수에

관심을 갖는 등, 예수 믿는 마을로 변화돼 갔다. 1950년 한국전쟁으로 인해 공산군이 정읍에 진주하게 됐고, 김용은 전도사가 평안도 출신 임동선 전도사를 초청해 부흥집회를 가졌던 것을 빌미로 윤 집사의 가족을 반동분자로 몰며 예배 중지령까지 내렸다. 교회를 지켜내려는 성도들과 공산군 사이에 접전은 그 해 10월 19일 윤임례 집사를 비롯한 23명의 순교로 막을 내렸다. 그 순교의 피는 두암교회의 귀한 밑거름으로 작용했다. 윤 집사의 아들 김용은

목사와 고 김용칠 목사 형제를 비롯해 20여 명의 목회자가 배출되었다. 순교의 흔적인 옛 교회 터와 순교지는 텃밭으로 변했지만, 1966년에 불탄 교회를 재건하면서 23인 순교자 합장묘를 만들고, 1977년에는 순교정신을 기리기 위한 23인 순교비를 세웠다. 현재는 매년 10월 중순 순교자 합동추모예배를 드리고 있다.

찾아가는 길

호남고속도로를 이용하여 내장 나들목으로 나가 찾아가면 된다.

생각하기

1. 두암교회의 밑거름이 된 윤임례 집사의 믿음에 대해 이야기해보자.
2. 죽음 앞에서도 타협하지 않았던 두암교회 신자들의 신앙을 우리가 이어받을 수 있는 방법은 무엇인지 생각해보자.

광주 양림동 전경

광주양림동산(양림동 선교사의 묘지) \ 광주시 남구 양림동 108번지, 062-650-1552

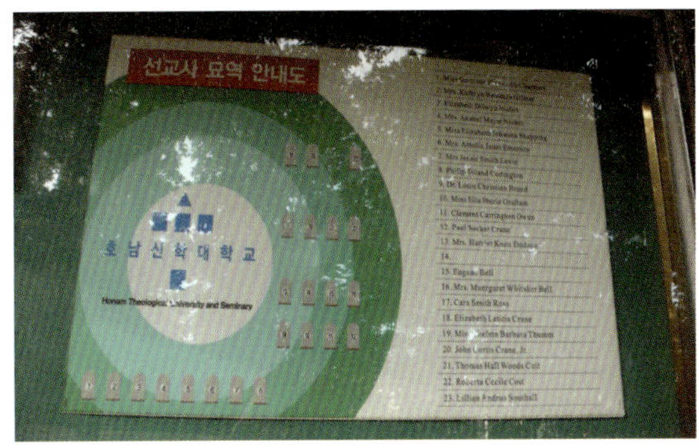

광주 양림동 108번지에 위치한 호남신학대학교 동산에는 1895년 한국에 와 목포, 광주에 선교부를 세우고 30년간 한국의 복음화를 위해 살다가 주님의 품에 안긴 벨(Eugene Bell, 배유지) 목사의 묘를 위시한 선교사들과 그들의 아내와 자녀 등 22명의 묘가 있다. 1979년 호남지방의 선교를 감당하던 미국 남장로교 선교사들이 한국교회가 자립의 단계로 들어섰기에 더 이상 한국에서의 선교가 의미 없다고 여기고 철수하기 전에 각지에 흩어져 있던 선교사들의 묘를 효과적으로 관리하기 위해 목포(4기)와 순천(7기)에 있던 묘를 이곳으로 모셔오면서 조성된 묘역이다.

찾아가는 길

호남고속도로를 이용하여 동광주 나들목으로 나가 호남신학대학교를 찾아가면 된다. 양림동 선교사 묘지는 호남신학대학교 동산에 위치하고 있다. 근처에 기독병원이 있다.

생각하기

1. 군산, 순천지방은 우리나라의 그 어떤 지역보다 복음화율이 높다. 그 이유가 무엇이라고 생각하는가?

광주시 남구 양림동 108번지, 062-650-1552 \ **호남신학대학교** **전라도**

호남신학대학교는 1955년에 설립되었다. 미국 남장로교 한국선교회에 의해 호남지역의 농어촌 교회 교역자 양성을 위해 설립되었다. 이후 광주권에 개설된 호남성경학교는 농촌 교역자를 위한 고등교육기관의 필요성에 따라 1961년 호남성경학원, 광주 야간신학교, 그리고 순천 매산신학교 등 세 학교가 통합되어 호남신학원으로 발전되었다. 그 후 1963년에 호남신학교로 개칭되고, 1984년 상급학교 입학에 있어 4년제 대학을 졸업한 자와 동등한 학력이 인정되는 학교가 되었다. 1988년에는 교회음악과를 증설하고 1990년에는 4년제 대학, 1992년에는 대학교가 되었으며, 1995년에는 신학대학원 인가, 1996년과 1997년에는 대학원 증과가 이루어져 오늘에 이르렀다. 호남신학대학교에 가면 선교사 묘역인 양림동산과 선교사들의 사택 등 다양한 선교 발자취를 살펴볼 수 있다.

찾아가는 길

호남고속도를 이용하여 동광주 나들목으로 나가 우회전하여 계속해서 직진하면 호남신학대학교 안내표지판을 볼 수 있다.

우일선 선교사 사택 \ 광주시 남구 양림동 226-25번지

우일선 선교사 사택은 양림동 양림산 기슭에 동향 2층 벽돌 건물이다. 이 건물은 미국인 선교사 우일선(미국이름은 Wilson)이 1920년대에 지었다고 하는데 정확한 건립연대는 알 수 없다. 그러나 광주에 현존하는 서양식 주택 건물로는 가장 오래된 건물이다. 이 건물의 평면은 정사각형으로 1층은 거실, 가족실, 다용도실, 부엌, 욕실이 있고, 2층은 사생활 공간으로 침실을 두었다. 지하층은 창고와 보일러실이다.

현관이 동향인 점은 한국의 전통적 방위 개념을 받아들여 현관을 동향으로 하였다. 크기는 정면 10.6m이다. 구조는 다음과 같다. 벽은 두께 55mm의 회색 벽돌로 네델란드 식으로 쌓았으며, 내부는 회반죽으로 마감을 하고 고막이 부분에는 화강석을 쌓았다. 개구부(開口部)는 반원형의 아치로 만들었고 창대 부분은 벽돌 마구리 세워쌓기를 하였다. 창문 외부는 열개창, 내부는 오르내리창의 이중창으로 구성하였

다. 1층과 2층을 구별하기 위하여 벽돌로 돌림띠를 두었다. 정면 현관을 약 40cm 두께로 쌓아가다가 2층 바닥부분에서 4켜 내쌓기로 주두를 만들어 단조로움을 없앴다. 현재는 사용하지 않고 있으나 한국 근대 건축의 흐름을 이해하는 데 도움이 되는 귀중한 자료이다. 1989년 3월 20일 광주광역시 기념물 제15호로 지정되었다.

IN MEMORY
OF
WILLIAM L. AND CLEMENT O.
OWEN.

통합	기장	합동
오웬기념관	박석현 목사 순교비	

광주양림교회는 1912년에 설립되었다. 미국 남장로교 선교사로 전라도지역에 와 활동하던 배유지(Bell) 목사와 오웬(Owen) 의사가 변창연(조사) 김윤수(교우)와 함께 목포로부터 양림리에 도착하여 거처를 정하고 열심히 전도한 결과 최흥종, 배경수 등을 전도하여 처음엔 사랑채에서 예배드리다가 신도가 점차 증가됨에 따라 북문 안에 예배당을 건축하고 후에 최흥종, 배윤수 두 사람을 장로로 장립하여 당회가 조직되었고 교인은 점점 증가하였다.

계속 선교사가 시무하다가 1918년 한국인으로서는 최초로 이기풍 목사가 부임하게 되었다. 1919년 8월경, 3. 1운동 후 일제의 탄압정책으로 인하여 교회를 강제몰수 당하게 되자, 양림동 소재 기념각으로 교회를 옮기고 그 해 가을 남문 밖 부근에 건물을 신축하고 이전하였다. 현재는 '양림교회'라는 이름을 통합측·기장측·합동측 세 교단이 사용하고 있다.

찾아가는 길 서광주 나들목으로 나가 중외공원 지나서 직진→프린스호텔에서 좌회전→운암고가도로로 넘어서 직진→신세계백화점앞 4거리에서 좌회전→광천다리직전 오거리에서 다리 안 건너고 직진→천변타고 직진→양동복개상가에서 우회전→복개상가 끝 광주일고 옆에서 우회전→20여 미터 전방의 금호생명빌딩 앞에서 좌회전→우측에 파출소 나올 때까지 계속 직진→양림다리에서 다리 안 건너고 우회전→양림오거리→양림교회

생각하기

1. 양림교회라는 이름으로 세 교회가 존재한다는 사실을 어떻게 생각하는가?

광주 3·1만세운동기념

광주숭일고와 광주수피아여고는 1908년 미국 남장로교 배유지(Eugene Bell) 선교사에 의해 설립되었다. 남학교는 배유지 선교사가 초대 교장이었으며, 여학교 초대 교장으로는 엄언라(Miss Ella Graham) 선교사가 취임했다. 1911년 미국의 스턴스 여사가 세상을 떠난 제니 스피아(Jennie Speer)를 기념하기 위하여 5,000불을 희사하여 그 기금으로 회색 벽돌로 된 3층 건물인 교사(Speer Hall)가 준공되었다. 이때부터 교명을 '수피아 여학교'(Jennie Speer Memorial School for Girls)라고 부르게 되었다. 1919년 3월 19일에는 전교생이 독립운동에 참가하여 교사 2명과 학생 21명 등 23명이 투옥되어 옥고를 치르기도 했다. 1929년 11월 1일에는 광주학생독립운동에 참가하기도 했으며 1937년에는 일제가 강요하는 신사참배를 거부하고 폐교당하는 아픔을 겪기도 했다. 광주 숭일고는 광주지방 3.1운동에 앞장 섰으며 이 일로 많은 학생과 교사가 투옥되었으며, 전문부 송광준은 대구 형무소에서 옥사하였다.

찾아가는 길

광주수피아여자고등학교는 기독병원 옆에 위치하고 있다. 가까운 곳에 호남신학대학도 있고, 양림동선교사묘도 위치하고 있다.

광주시 서구 치평동 1171-8번지, 062-382-1004 \ **광주제일교회** 전라도

광 주
제일교회
상무3단지
금호

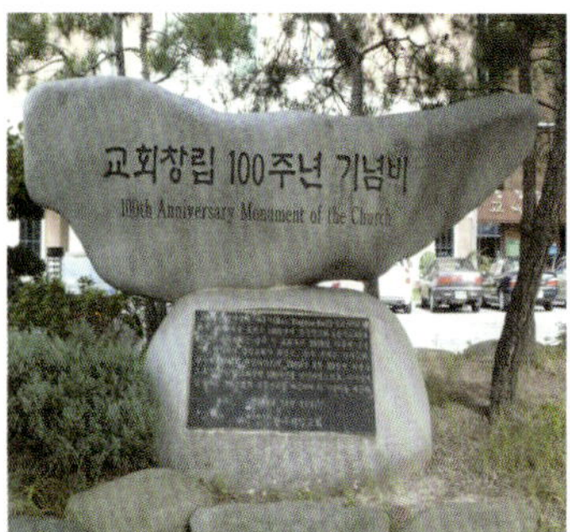

교회창립 100주년 기념비
100th Anniversary Monument of the Church

광주의 모교회
광주제일교회 이전비

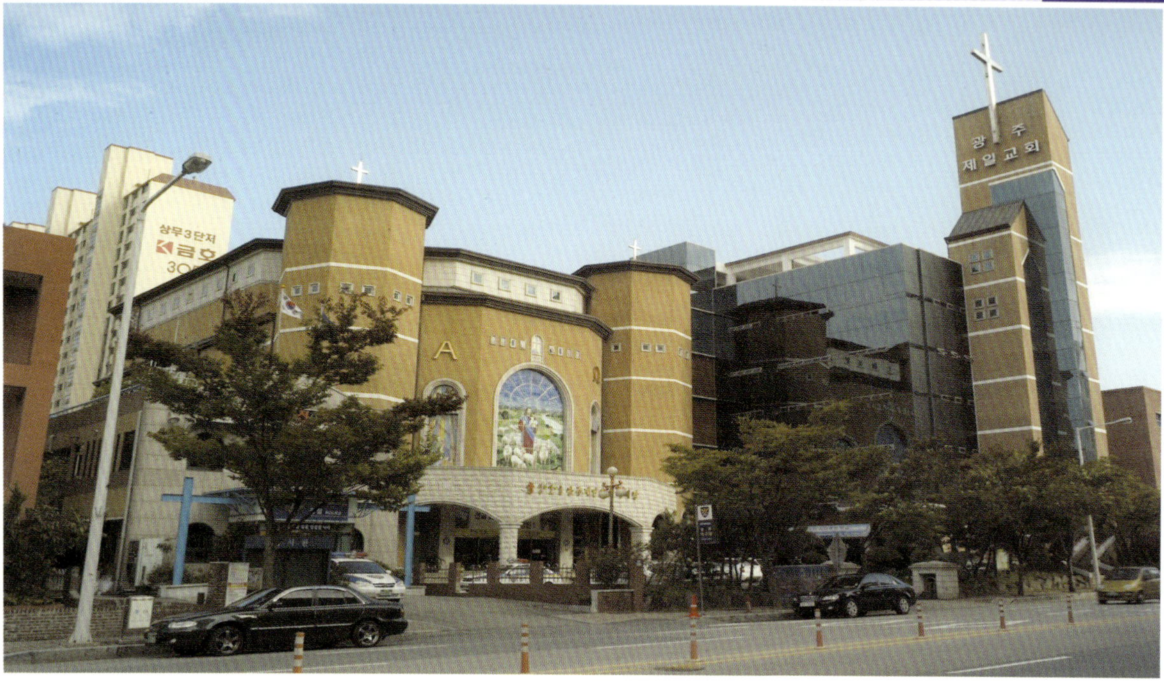

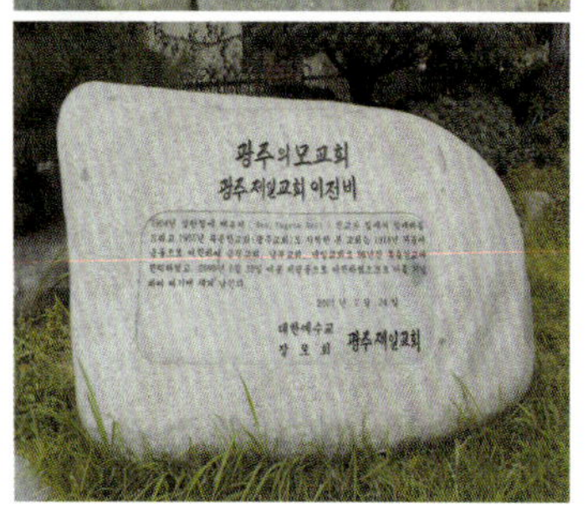

광주제일교회는 1904년 12월 25일 광주 양림동 벨 선교사 주택에서 오웬 선교사 가족과 한국인들이 첫 예배를 드림으로 시작되었다. 전남 내륙지방 선교의 거점이었던 광주제일교회는 그 후 교인이 증가하자 북문안으로 이동하여 예배를 드렸다. 1909년 4월 오웬 선교사는 장흥의 한 시골에서 선교활동 중 갑자기 고열로 쓰러져 급거 광주에 도착하였으나 숨을 거두고 말았다. 그의 시신은 양림동 선교사 묘지에 안장됐다. 광주제일교회는 1919년 3월 1일 독립운동을 주동했던 관계로 교회를 일제에 내어주고 금동으로 이동하면서 금정교회라 불렀다. 계속 교인이 증가하자 1922년 북문밖교회(광주중앙교회)와 1924년 양림교회로 각각 분립했다. 광주 3 · 1운동은 재일 유학생 최원순, 정광호 등이 귀국하여 광주에서 최흥종, 김철 등을 만나 일본 동경 2 · 8독립운동에 대해 자세히 설명하고 광주에서 거사 준비에 임하였다. 이들은 금정교회 장로이며 숭일학교 학감인 남궁혁 가정에 모여 인원동원, 독립선언서, 태극기 등을 분담하여 준비한 후 3월 10일 금정교회 교인을 비롯해서 숭일학교, 수피아여학교, 일반 시민 1천여 명이 모여 만세를 불렀다.

찾아가는 길

호남고속도로를 이용하여 광주 나들목으로 나가 상무역을 찾아가서 금호타운 3차와 금호타운 4차 아파트 단지를 찾아가면 그 사이에 광주제일교회가 위치하고 있다.

생각하기

1. 광주제일교회와 양림교회의 관계를 이야기해보자.
2. 광주제일교회를 설립한 선교사들의 신앙에 대해 이야기해보자.

염산교회 \ 전남 영광군 염산면 봉남리 191번지, 061-352-9005

영광에 위치한 염산교회는 공산주의자들에 의해 죽임을 당한 순교자들의 교회이다. 1939년에 세워진 염산교회는 한국전쟁 때 국군이 영광에 진군해 들어왔을 때 미처 퇴각하지 못한 공산주의자들이 예배당을 불 지르고 교인을 바닷가 수문통에서 새끼줄로 묶고 돌멩이를 달아서 수장시키는 참상이 벌어졌다. 이때 전교인의 4분의 3인 77명이 순교했다.

일제 치하에서는 계량학교를 설립하여 문맹퇴치운동을 벌이고, 신사참배를 거부하다 예배당 종을 빼앗기는 박해를 당하기도 했다. 공산군은 담임이었던 김방호 목사와 7명의 가족을 한 줄로 세워놓고 몽둥이를 주면서 아들이 아버지를 치라고 협박하였다. 당연히 칠 수가 없는 일이다. 그러자 그들은 군화발로 차고 짓누르면서 가족들이 보는 눈앞에서 김목사를 창과 몽둥이로 때려죽이고 말았다. 이어서 김목사 사모를 그리고 또 다섯 아들과 8세와 5세 손자를 차례로 죽였다. 1997년부터 순교기념 사업을 추진하여 2,000여 평의 교회 부지를 마련하고 순교 공원을 조성, 순교자료 전시관과 순교 교육관을 개관하여 200여점의 자료 및 유물을 전시해 놓고 있으며, 77인의 순교비를 완공하여 교회 앞에 세워 두었다. 또한 '77인의 순교사' 책자와 DVD를 제작해 이들의 역사적 사실들을 기록해 두고 있다.

찾아가는 길

서해안고속도로를 이용하여 영광 나들목으로 나가 영광읍내까지 가서 염산면으로 14Km정도 간 후 염산농협 앞에서 남쪽으로 300미터를 가면 동산에 염산교회가 보인다.

생각하기

1. 아들에게 아버지를 죽이라고 말하는 공산주의 사상을 어떻게 생각하는가?

2. 기독교인들에게 있어서 나라사랑은 얼마나 중요한 일인가를 생각해보자.

전남 영광군 염산면 야월리 471-1, 061-352-9147 \ **야월교회**　　**전라도**

야월교회는 배유지(유진 벨)선교사에 의해 1908년에 설립되었다. 야월교회는 일제의 신사참배 강요에 항거해 문을 닫고 각 교인들은 가정에서 예배를 드리다가 해방을 맞이했다. 해방과 더불어 곧 재건된 야월교회는 조양현, 허숙일 두 영수가 교회 강단을 지켜왔다. 비록 작은 교회였지만 초대 교회처럼 사랑이 넘치는 교회로 소문나 있었다. 그러나 한국전쟁이 일어나면서 큰 소용돌이에 휘말리고 말았다. 인민군과 함께 들어온 내무서원은 야월교회를 접수하고 인민위원회 사무실로 사용했다. 이때도 교인들은 가정으로 뿔뿔이 헤어져서 각각 예배를 드리고 있었다. 야월교회 교인들의 이러한 소식을 들었던 인민위원회 위원장을 비롯한 마을의 좌익 청년들은 밤에 몰래 모여서 예배하는 이들을 색출해 어른 아이를 가리지 않고 교회로 모이게 했다. 모든 교인을 불러 모았다는 보고를 받은 내무서원의 명령에 따라 인민위원회 위원들은 교인들이 모인 교회에 불을 지르고 말았다. 그 후 야월교회는 많은 어려움을 겪기도 했지만 2006년 6월 전국 교회의 헌금과 영광군청의 지원으로 연건평 2백 50평 규모의 '기독교인순교기념관'을 건립했다. 신앙선배들이 한국전쟁 당시 흘렸던 '순교의 피'가 결코 헛되지 않았음을 보여주고 있다.

찾아가는 길

서해안고속도로를 이용하여 영광 나들목으로 나가 영광읍까지 가서 30분쯤 더 가면 된다.

생각하기

1. 한 생명을 온 천하보다도 귀하게 여기는 하나님의 사랑과 단지 사상이 다르다고 참혹하게 죽이는 공산주의자들의 사상을 이야기해보자.

문준경 전도사 \ 신안군 증도면 중동리

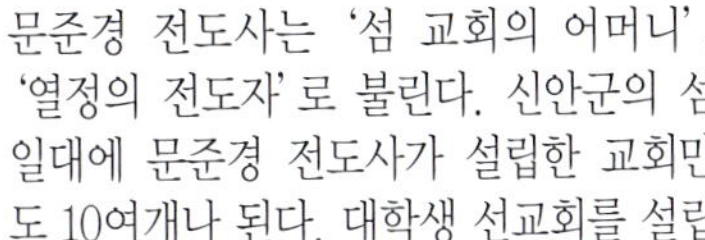

문준경 전도사는 '섬 교회의 어머니', '열정의 전도자'로 불린다. 신안군의 섬 일대에 문준경 전도사가 설립한 교회만도 10여개나 된다. 대학생 선교회를 설립한 김준곤 목사, 성결교회 이만신 목사 등이 다 문준경 전도사의 열매들이다. 문준경 전도사에 의해 세워진 교회 중에는 증동리교회(1933년 9월 설립)가 있다.

문준경 전도사는 1891년 신안군 암태면 수곡리에서 태어나 17살에 시집을 갔으나 남편에게 첫날부터 소박을 맞았다. 이러한 가운데서도 시아버지의 사랑을 받아 견딜 수 있었다. 시아버지로부터 글도 배웠고, 1927년에는 전도부인으로부터 전도를 받아 기독교인이 되었다. 사역자가 되기 위해 경성 성서학원에 지원했으나 결혼했다는 이유로 입학이 거절되어 청강생으로 공부하는 가운데 정규학생으로 받아들여졌다. 신학공부를 마치고 고향으로 돌아와 인근지역의 교회를 돌보다 6. 25 때 순교의 길을 걷게 되었다. 문준경 전도사의 발자취를 보려면 증도에 가야 한다.

찾아가는 길

서해안고속도로를 이용하여 무안 나들목으로 나가 무안방면 1번 국도를 가다가 60번 지방도로를 이용하여 현경, 해제를 지나 지도 선착장에 가서 증도로 들어가는 배를 타면 된다.

생각하기

1. 섬교회의 어머니로 불리는 문준경 전도사의 삶을 통해 영혼을 향한 사랑이 얼마나 귀한 것인가를 생각해 보자.

전남 무안군 해제면 신정리 7-3, 061-452-6427 \ **해제중앙교회** 전라도

해제중앙교회는 1932년 배윤화씨 집에서 '양간다리 기도처'로 시작되었다. 이후 '양매교회'로 이름을 바꾸기도 했으나 현재는 '해제중앙교회'라는 이름을 사용하고 있다. 목포와 무안지역에 처음으로 복음을 전한 선교사는 이눌서(W. D. Reynolds)와 유대모(A. D. Drew)였다. 특히 이눌서 선교사는 개역성경의 대부분을 번역하거나 편찬한 인물로 한국교회가 지금도 사랑하고 있는 개역성경이 있게 한 인물이다. 목포와 무안지역에 복음을 전하면서 여름철이면 지리산에 올라 성경번역 작업에 몰두하기도 했다. 6. 25 전쟁 당시 해제중앙교회는 많은 시련을 겪으며 순교자를 배출한 곳이다. 이때 김대업 전도사, 임인재 장로, 황인경, 김판업, 홍순용 집사들은 배교를 강요하는 저들에게 끝까지 신앙으로 맞서다 결국 순교의 길을 걷게 되었다.

찾아가는 길

서해안고속도로를 이용하여 무안 나들목으로 나가면 이내 찾아갈 수 있다.

생각하기

1. 이눌서 선교사를 통해 말씀훈련을 받은 이들이 순교의 길까지 걸어간 것을 보면서 말씀과 순교의 관계를 생각해 보자.

용학교회 \ 전남 무안군 해제면 용학리 6, 061-453-6005

용학교회는 본래 기룡동에서 안성조 장로에 의해 설립된 교회이다. 현재의 자리로는 1960년대 말에 이전되었으며 전통 한옥으로 건축된 아름다운 교회이다. 용학교회는 6. 25 당시 안성조 장로를 비롯하여 16명이나 공산당에 의해 죽임을 당한 순교자 교회이다. 용학교회는 한국기독교장로회에 속해 있으며 지역사회에 영향을 주는 교회로 자리매김하고 있다.

찾아가는 길
무안에서 현경면을 지나 무안면으로 들어가면 쉽게 찾아갈 수 있다

생각하기
1. 순교자를 배출한 교회가 민주화 운동에서 열심인 이유를 생각해 보자.

전남 목포시 죽교동 473번지, 061-242-7501 \ **목포 공생원**

공생원은 1928년에 기독교 정신으로 고 윤치호 전도사가 먹을 것이 없어 거리를 방황하던 7명의 아이들과 같이 생활하면서 시작되었다. 그 후 한국전쟁 때는 윤치호 전도사와 결혼한 일본여성 윤학자 여사의 희생과 사랑으로 갈 곳 없는 500명의 아이들이 공생원에서 함께 생활 했다. 공생원은 말 그대로 '함께 산다.'는 뜻이다. 지금까지 약 3,700여명의 아이들이 이곳에서 자라서 사회의 일원이 되었다. 두 사람은 공생원에서 버려진 아이들을 돌보며 예수의 사랑을 일평생 실천했다. 윤 전도사는 일제시대 48차례에 걸쳐 연행·구금·고문을 당할 정도로 민족정신이 투철한 민족주의자이기도 했다. 당시 기독교는 일제탄압에 굴복하여 신사참배를 결정했다. 그러나 그는 신사참배를 거부했다가 경찰에 연행되는 등 고초를 겪었다. 그는 신앙의 진리와 민족정신을 끝내 지킨 보기 드문 인물로 평가받고 있다. 목포 사람들은 김대중 전 대통령, 김지하 시인, 가수 이난영 등을 고향이 배출한 훌륭한 인물로 꼽는다. 또한 이들과 함께 전쟁고아들을 헌신적으로 돌본 윤치호·윤학자 부부를 목포의 아름다운 인물로 기억하고 있다.

찾아가는 길

서해안고속도로를 이용하여 목포 나들목으로 나가 북항, 목포해양대학교를 지나 1.5Km쯤 가면 신안비치호텔 맞은편 유달산 자락에 공생원이 위치하고 있다.

생각하기

1. 일제치하에서 원수가 될 수 있는 조선 남자(윤치호 전도사)와 일본 여성(윤학자 여사)의 사랑에서 무엇을 느낄 수 있는지 이야기해보자.

2. 신앙인들에게 있어서 가난한 자와 함께 한다는 것은 어떤 의미가 있는가?

목포 정명여자고등학교 \ 전남 목포시 남양동 86번지, 061-245-5905

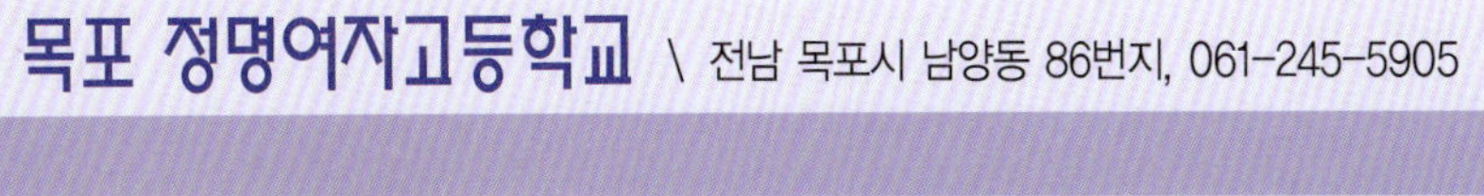

목포정명여자고등학교는 1903년 미국 남장로교에서 설립했다. 1911년 정명여학교로 개칭했다. 1919년 3. 1운동 당시에는 교사와 학생들이 목포 독립운동을 주도하였는가 하면 1921년에도 목포만세사건을 주도하기도 했다. 정명여자고등학교에 가면 선교사 사택과 양관을 볼 수 있다. 또 독립운동 기념비와 이 학교 출신 문인 박

화성 기념비가 있다. 1982년 선교사 양관을 수리하던 중 천장에서 3· 1운동 당시 광주에서 보낸 것으로 추정되는 '도쿄 2· 8 독립선언서'와 '3· 1 독립선언서', '조선독립 광주신문', '독립가' 등의 유인물이 발견됐다.

찾아가는 길

목포시내로 들어가 목포역에서 가까운 1호 광장으로 가서 대성동사거리 방향으로 좌회전하여 다음 사거리에서 좌회전 하면 찾아갈 수 있다.

전남 목포시 양동 127번지, 061-245-3616 \ **목포 양동교회** **전라도**

1897년 봄 미국 남 장로교 소속 유진 벨 선교사와 해리슨 선교사가 나주에서의 선교가 어렵게 되자 목포로 선교지를 이동했다. 유진 벨 선교사와 해리슨 선교사는 목포에 도착한 후 초분터에 자리를 잡고 목포선교부와 목포양동교회를 설립했다. 여기에 오원 선교사가 합세하자 목포진료소를 개설했다. 1901년 벨 선교사의 부인 로티 선교사가 전주에서 남매를 두고 죽음을 맞이한다. 양동교회 성도들은 1903년 석조 예배당을 신축하여 로티 선교사의 죽임이 헛되지 않음을 입증했다. 1940년 초 일본의 지배가 거세지면서 일본 승리를 기원하는 예배를 드리도록 강요하자 이에 굴하지 않고 양동교회 당회장 박연세 목사는 '약육강식'이란 제목으로 설교를 하자 이것이 문제가 되어 일경에 체포됐다. 재판정에서 재판관의 심문에서 "천황이 높으냐? 하나님이 높으냐?" "예수가 재림하면 천황도 심판을 받느냐?"라는 질문에 "하나님이 높다." "천황도 심판을 받는다."라고 대답했다. 박연세 목사는 천황모독죄로 목포, 광주형무소를 거쳐 대구형무소에서 1944년 2월 동사했다. 양동교회는 1953년 기장과 예장 분열시 둘로 갈라져 양동교회(기장측), 양동제일교회(예장 통합측)으로 분립됐다.

찾아가는 길

목포양동교회는 정명여자고등학교 옆에 위치하고 있다.

생각하기

1. 박연세 목사의 신앙에 대해 이야기해보자.

2. 양동제일교회에 대해서도 알아보자.

목포 양동제일교회 \ 전남 목포시 호남동 6-3, 061-243-5600

선교사가 목포를 처음 답사한 것은 1894년 4월 18일이다. 이눌서와 유대모 두 선교사였다. 그 후 1896년 2월 11일에 배유지 선교사와 이눌서 선교사가 선교부지를 매입했다. 양동제일교회는 '목포교회' 라는 이름으로 시작되었는데 설립일자에 대해서는 두 가지 주장이 있다. 하나는 1897년 설이고 다른 하나는 1898년 설이다. 『목포부사』와 『야소교장로회연감』에는 1897년으로 되어 있고, 『조선예수교장로회사기』에는 1898년으로 되어 있다. 양동제일교회에서는 1897년 설을 따르고 있다. 양동제일교회는 목포와 인근 지역의 모교회로 그 사명을 다하고 있다.

찾아가는 길

목포시내로 들어가 목포역에서 가까운 1호광장으로 가서 대성동사거리 방향으로 좌회전하여 다음 사거리에서 좌회전 하면 정명여고 반대편에 위치한 교회를 만날 수 있다.

생각하기

1. 아펜젤러 선교사는 목포에 있는 이눌서 선교사를 만나러 오다가 해상사고로 순직하고 말았다. 이눌서 선교사는 개역성경의 번역을 주도한 인물이어서 그를 만나러 오다가 사고를 당한 것이다. 이눌서 선교사의 우리말 사랑을 생각해보자.

殉教碑

영암읍교회 \ 전남 영암군 영암읍 서남리 78-1, 061-473-0626

영암읍교회는 1915년 목포에 머물던 선교사의 파송을 받은 조명선 조사가 영암면 교동리에 기도처를 마련함으로 시작되었다. 1920년 영암면 서남리 127번지 현 경찰서 자리에 처음 예배당을 건축했다. 6. 25 당시 영암읍교회 성도 24명이 순교했다. 이러한 가운데서도 1951년 영애원을 설립하여 전쟁고아 40여명을 돌보기도 했다.

찾아가는 길

호남고속도로를 이용하여 광산 나들목으로 나가 국도 13번 도로를 이용하여 강진 방향으로 가다가 영산포에서 신북을 지나 영암군을 찾아가면 된다. 서해안 고속도로를 이용하여 목포까지 가서 국도 2호선을 이용하여 지방도 819호선을 이용하여 독천을 지나면 영암군을 찾아갈 수 있다.

영암 구림교회

전라도

전남 영암군 군서면 동구림리 301, 061-472-0232

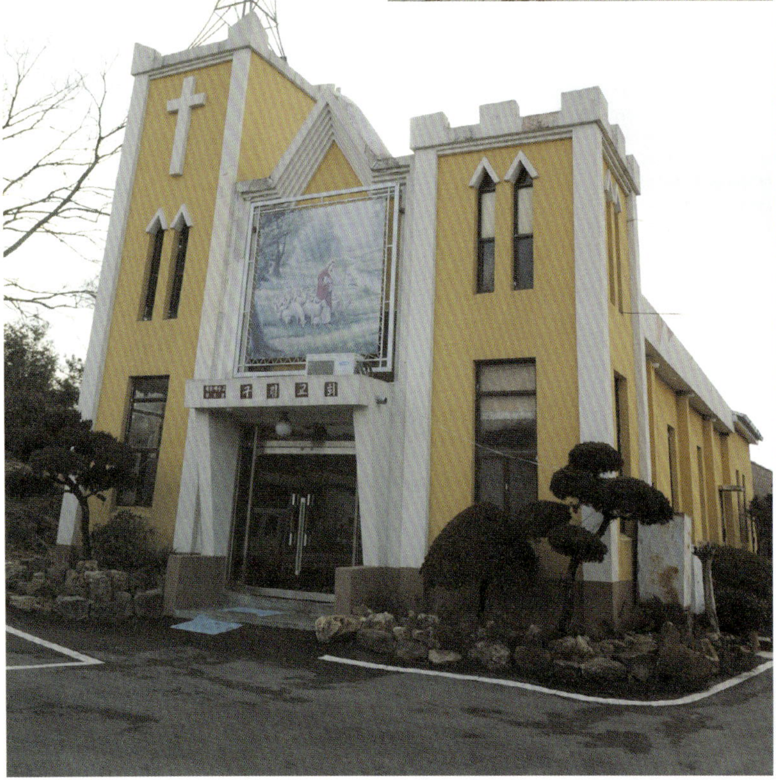

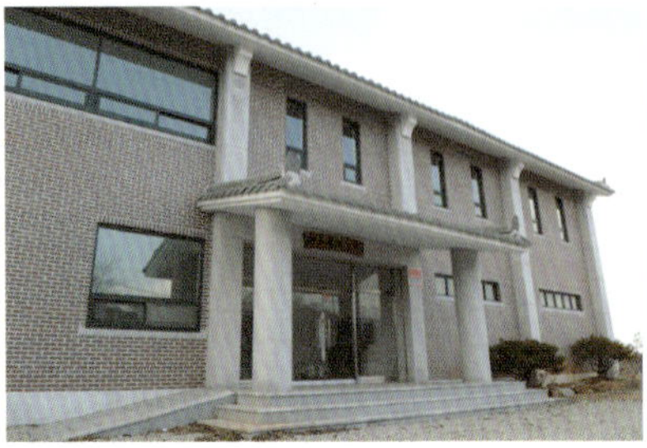

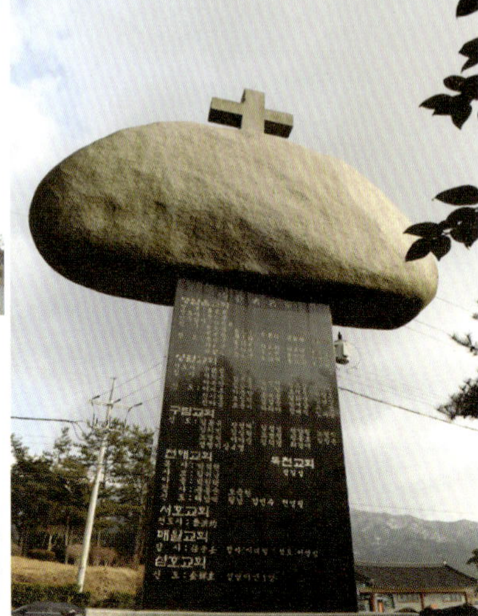

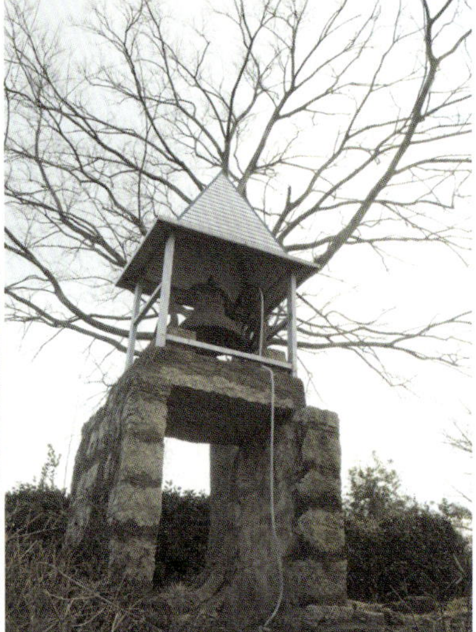

영암은 순교의 피로 물들어 있는 곳이다. 6. 25 당시 영암지역은 장흥 유치지역과 월출산의 험준한 산세로 인해 공산사상을 가진 빨치산의 중요한 활동거점 중 하나였다. 그해 10월 4일 영암까지 내려온 공산군은 동구림리 입구 대로변 초가집에 구림교회 김봉규 집사를 비롯한 전교인 18명을 묶어 방에 가둔 후, 불을 지름으로 18명 모두가 순교하였다. 순교 직전까지도 성도들은 찬송을 부르면서 자신들의 영혼을 하나님께 맡겨 굳건한 신앙을 보였다고 전한다. 전쟁이 막바지에 접어들 무렵까지 공산당들은 우익 인사들과 함께 기독교인들을 붙잡아 가두기도 하고 인민재판을 통해 잔인하게 죽였다. 합동묘와 순절비는 구림고등학교 앞에 세워져 있다.

찾아가는 길

호남고속도로를 이용하여 광산 나들목으로 나가 국도 13번 도로를 이용하여 강진방향으로 가다가 영산포에서 신북을 지나 영암군을 찾아가면 된다. 서해안 고속도로를 이용하여 목포까지 가서 국도 2호선을 이용하여 지방도 819호선을 이용하여 독천을 지나면 영암군을 찾아갈 수 있다.

영암 상월교회 \ 전남 영암군 학산면 상월리 25, 061-472-3437

상월교회는 1947년 7월 1일 진성구 성도가 자신의 집을 예배당으로 드리므로 시작된 교회다. 초대 교역자로는 신덕철 전도사가 부임하였다. 상월교회는 6. 25 당시 출발부터 뜨겁게 기도하고 열심이 있었다. 6. 25 당시에는 영암지역의 다른 교회들처럼 공산당에 의해 엄청난 박해를 받았다. 그럼에도 성도들은 부활에 대한 소망을 가지고 신앙의 절개를 굽히지 않았다. 이들을 핍박한 이들은 북에서 침공한 공산당들뿐만 아니라 그들에게 동조한 지역의 공산주의자들도 있었다. 이들은 25명이나 되는 상월교회 성도들을 총칼과 죽창으로 무참하게 죽였다.

찾아가는 길

호남고속도로를 이용하여 광산 나들목으로 나가 국도 13번 도로를 이용하여 강진 방향으로 가다가 영산포에서 신북을 지나 영암군을 찾아가면 된다. 서해안 고속도로를 이용하여 목포까지 가서 국도 2호선을 이용하여 지방도 819호선을 이용하여 독천을 지나면 영암군을 찾아갈 수 있다.

천혜교회는 6. 25 당시 공산군에 의해 목사 박석현을 비롯하여 10명이 순교자 교회다. 교회는 지금까지 6. 25 당시 공산군에 의해 죽임을 당한 사건을 순교 차원에서만 다루고 있다. 자신의 신앙을 수호하다 죽임을 당한 것을 순교로 여기는 것이다.

찾아가는 길

호남고속도로를 이용하여 광산 나들목으로 나가 국도 13번 도로를 이용하여 강진 방향으로 가다가 영산포에서 신북을 지나 영암군을 찾아가면 된다. 서해안 고속도로를 이용하여 목포까지 가서 국도 2호선을 이용하여 지방도 819호선을 이용하여 독천을 지나면 영암군을 찾아갈 수 있다.

6. 25 당시 독천교회 성도 정길성 씨가 순교하였다. 당시 영암에서 88명의 순교자를 배출했는데 순교자의 명단은 다음과 같다.

구림교회: 김정님, 노형식, 장성례 씨와 성도 노병철, 노병현, 최경애, 최기우, 이이순, 김덕경, 김창은, 김흥호, 김치빈, 김상락, 김봉규, 천양님, 성명미상 4명(19명)

독천교회: 정길성(1명)

매월교회: 임자일, 이태일, 이영심(3명)

삼호교회: 김상규, 성명미상 1명 (2명)

상월교회: 전도사 신덕철, 서석근, 김춘동, 윤성전, 임유상, 조인심, 이복만, 임항우, 이일, 조재윤, 신장모 씨이며, 성도 이재조, 이춘만, 송복윤, 임화상, 임남상, 진사울, 조정덕, 김길숭, 임여상, 요 셉, 전야곱, 조윤기, 마리아, 진대식, 임태광 (26명)

서호교회: 전도사 노홍균(2명)

신흥교회: 장로 박병근, 그의 아들 박금규(2명)

영암읍교회: 전도사 김인봉 씨와 장로 김동흠, 안수집사 박인재 씨, 집사 김원배, 김윤자, 김동신, 노용식, 방인태, 채수원 씨, 성도 조종환, 김석영, 박영운, 박주상, 김옥준, 박태준, 윤상림, 이문찬, 김인례, 조부복, 장성심, 조소례, 김복순, 김종연, 김천순(24명)

천해교회: 목사 박석현, 사모 김귀남, 아들 박원택, 집사 나옥매, 문봉순, 오죽현, 김민수, 현영필, 해남댁, 필남(10명)

찾아가는 길

서해안 고속도로를 이용하여 목포까지 가서 국도 2호선을 이용하여 지방도 819호선을 이용하여 약 35Km 정도를 가면 된다.

생각하기

1. 공산당의 핍박속에서 자신들의 믿음을 지킨 영양지역 교인들의 신앙을 묵상해보자.

전남 강진군 강진읍 남성리 42-4, 433-8001 \ **강진읍교회**   **전라도**

강진읍교회는 1913년 설립되었고 1914년 탑동 207번지에 한옥 5칸이 예배당으로 마련되었다. 초기에는 조명선 조사, 최복삼 조사 등이 교회를 섬겼다. 조사는 오늘날 전도사에 해당된다고 하겠다. 당시의 영수가 장로에 해당된다면 조사는 목회자가 없을 때 강단을 맡았던 직분을 말한다. 강진읍교회는 3. 1운동 당시 이기성 외 13명이 구속될 정도로 독립운동에 적극적으로 참여했다. 이러한 정신은 계승되어 신사참배도 적극 반대하였으며, 1950년 8월 6일에는 담임목사였던 배영석 목사가 순교하였다. 또한 강진읍교회는 민주화운동에도 앞장서기도 했다.

찾아가는 길

광주에서 강진읍 시내까지 가서 강진우체국을 찾으면 그 옆에 있는 강진읍교회를 만날 수 있다.

생각하기

1. 교회의 사회참여를 어떻게 생각하는가?

지리산 선교사 유적지 \ 지리산 노고단

지리산에는 선교사 유적지가 두 곳에 산재해 있다. 노고단과 왕시루봉이다. 지금은 폐허처럼 변했지만 복음전파의 소명 하나로 목숨을 걸고 낯선 이국땅을 찾았던 선교사들의 숨결이 남겨진 곳이다. 이곳은 1920년 미국 남 장로교 선교사들을 주축으로 총 50여 채의 선교사 수양관이 세워졌다. 당시 선교사들은 질병의 위험에 노출되어 있었다. 한국 풍토에서 선교사들은 각종 풍토병과 수인성 질병으로 고통을 겪었으며, 이로 인해 34명의 선교사들이 사망했다. 선교사들은 한국적 풍토에 적응하기 위해, 수인성 질병이 발생하는 7~8월 동안 한시적으로 이곳으로 피신하여 이곳에서 성경번역, 공과번역 등 영적충전뿐만 아니라 육체적 건강관리를 하였다. 레이놀즈 선교사가 성경 번역한 곳도 이곳이다. 하지만 선교사들의 피와 땀의 흔적이 있는 노고단 수양관 앞에는 이곳이 별장이며 자연을 훼손시키고 있다는 안내문이 박혀 있고, 만약 문화재로 되지 않는다면 모든 선교유적지는 흔적들마저 사라질 절박한 상황에 놓여 있다. 순례자들의 기도가 필요하다.

찾아가는 길

호남고속도로를 이용하여 전주까지 가서는 국도를 이용하여 남원을 지나 구례까지 가서 오르면 된다. 노고단은 성삼재까지 자동차를 이용하여 가서 도보로 40분 정도면 갈 수 있다. 왕시루봉은 구례군 토지면까지 가서 토지농협이 보이는 곳에서 올라가면 된다.

생각하기

1. 풍토병의 위험에 처해 있으면서도 돌아가지 않고 지리산을 올랐던 선교사들의 마음을 생각해보자.

2. 지리산에서 개역성경을 번역한 레이놀즈 선교사에 대해 생각해보자.

순천시 매곡동 142-5번지, 061-752-2074 \ # 순천 기독교역사박물관 　전라도

순천 기독교역사박물관은 매산여자고등학교 바로 아래에 자리 잡은 순천기독진료소 2층에 위치하고 있다. 이 자리는 한국에서 태어나, 한국을 위해 살다 한국에서 생을 마친 휴 린턴(한국명 인휴) 선교사 부부가 결핵환자들을 위해 세웠다. 선교를 위해 물심양면 애쓴 조지 왓스라는 성도를 기념하기 위해 1925년 세워진 이 건물은 성경학교, 선교사 숙소, 순천노회 교육관, 결핵진료소 등으로 사용되면서 명맥을 이어왔다. 순천기독진료소 2, 3층에 자리 잡고 있는 이 박물관에는 구한말부터의 기독교 선교현장을 담은 사진과 외국 선교사들이 서방세계에 한국을 소개하기 위해 제작한 달력 등 선교자료들이 전시돼 있다. 또한 휴 린튼 선교사 등 선교사들이 사용했던 생활도구가 그대로 보존되어 있다. 마당에는 유진 벨 선교사의 부인인 로티 벨, 고라복 선교사의 묘비를 비롯하여 이곳에서 젊음을 바친 선교사들의 기념비와 순교, 순직한 성도들의 추모비가 있다.

찾아가는 길

호남고속도로를 이용하여 순천 나들목으로 나가 의료원 로터리까지 가서 순천의료원 방향으로 들어가면 순천중앙교회 앞에서 우회전하여 30미터쯤 가면 된다.

생각하기

1. 휴 린턴 선교사에 대해 생각해보자.

2. 결핵퇴치를 위해 헌신했던 인애자 선교사의 수고를 생각해보자.

순천매산고등학교는 1913년 3월 미국 남장로교 선교사인 변요한, 고라복에 의해 순천시 금곡동에서 설립되었다. 1911년 매곡동으로 교사를 신축하여 이전했다. 순천매산중·고등학교는 현재 학교법인 호남기독학원으로 광주, 순천, 전주, 목포 등에 유치원에서 대학까지 재단 산하의 기독교 학교들이 있다. 순천에는 순천매산중학교, 순천매산고등학교, 순천매산여자고등학교가 있다. 순천매산고등학교가 위치한 매산동산에는 선교유적지가 많다. 당시 선교사들이 건축한 건물들이 보존되어 있을뿐만 아니라 기독결핵진료소(등대선교회) 건물도 있다. 그곳에는 고라복 선교사 기념비도 있다.

찾아가는 길

호남고속도로를 이용하여 순천 나들목으로 나가 순천대학교 방향으로 우회전하여 순천대학교를 지나 의료원로터리를 찾아가 의료원 골목으로 들어가면 순천중앙교회가 보이고 조금만 더 올라가면 순천매산고등학교가 보인다.

여수 · 전라도

여수 애양원과 손양원목사 순교기념관 \ 전남 여수시 율촌면 신풍리 1번지, 061-682-7515

여수 애양원은 1909년 4월, 광주에서 시작되었다. 포싸이드 선교사가 광주에서 활동하던 윌슨 선교사로부터 급한 전보 한 장을 받았다. 오원선교사가 위독하니 광주로 빨리 올라오라는 내용이었다. 포싸이드 의사는 전보를 받은 즉시 달려오던 중 광주 가까이 왔을 때 길가에 한센씨병으로 쓰러져 있던 환자를 보고 그냥 지나칠 수 없어 돌보던 중 봉선리 벽돌을 굽던 가마 터에 그 환자의 거처를 마련하여 치료 해주고 복음을 전해준 것이 애양원의 효시이다. 1911년 11월 1일에는 조선 총독부로부터 병원인가를 받았고 1926년 11월 9일에는 조선총독부의 퇴거명령으로 현재 위치로 이전하게 되었다. 손양원 목사는 1939년 7월 14일에 여수 애양원교회로 부임했다. 끝까지 신사참배를 거부했으며 해방 후 1948년에는 여순반란사건으로 인해 두 아들을 잃기도 했다. 손양원 목사도 결국에는 1950년 9월 13일 공산군에게 체포되어 1950년 9월 28일 순교의 길을 걸어가게 되었다.

찾아가는 길

호남고속도로를 이용하여 순천 나들목으로 나가 여수 방향으로 가다 여수비행장이 보이면 신호등에서 좌회전하여 비행장을 끼고 가면 애양원과 순교기념관을 만나게 된다. 현재 교회명은 성산교회이다.

생각하기

1. 여수 애양원이 이곳에 위치하게 된 배경을 이야기해보자.

2. 손양원 목사님의 일사각오 신앙에 대해 이야기해보자.

전남 여수시 남면 우학리 223번지, 665-9521 \ **우학리교회**　**전라도**

이기풍 목사를 만나러 우학리교회를 찾아 가는 길은 먼 길이다. 제주도에 첫 선교사로 파송되었던 이기풍 목사의 마지막 목회지가 우학리교회였다. 70세의 고령의 나이에 우학리교회 4대목사로 파송되어 사역하던 중 당시 일제치하에서 신사참배를 거부했다는 이유로 옥고를 당했다. 수차례 고문과 심문을 당하다가 병고로 임시 출감 중, 1942년 6월 20일 주일설교를 마친 후 사택에서 하나님의 부름을 받았다. 섬에서 시작한 목회를 섬에서 마감한 것이다. 우학리교회는 이를 기념하기 위하여 교회 창립 100주년을 맞이하는 2006년 4월 '이기풍 목사 순교기념관' 준공식을 가졌다. 이기풍 목사가 사역할 당시의 건물 그대로를 복원하였다. 당시 교회는 변요한 선교사가 한국에 많이 지은 건축양식으로 변요한식 건축설계와 공법으로 지어진 건물이다.

찾아가는 길

여수항에서 우학리로 들어가는 배가 하루에 두 번 있다(06:20 ; 10:20). 배에서 내려 우학리를 가려면 1시간 20분 정도를 더 가야 한다.

생각하기

1. 이기풍 목사의 삶의 여정을 생각해 보자.

2. 이기풍 목사의 삶을 본받으려는 우학리교회 성도들의 신앙에 대해서 이야기해 보자.

국립소록도병원은 1916년 5월 17일에 일본 총독부에 의해서 전남 도립 자혜의원으로 개원 하였고, 일본인 아리가와씨가 제1대 병원장으로 부임하였다. 제 2대 병원장인 하나이 젠기스(花井善吉, 1921. 6. 23 - 1929. 10. 16)때에 1922년 10월 8일 일본 성결교단 전도목사인 다나까 신사부로(田中道三郎)가 총독부의 허가를 받아 소록도에 복음을 전하게 되었다. 소록도 중앙교회는 소록도에서 가장 중심지역인 중앙마을 오락실에서 1938년 1월 1일 이채권(李彩權) 전도인을 중심으로 창립예배를 드렸고, 지방순회 목사인 오석주 목사가 주기적으로 예배를 인도하였다. 이 때 교회는 일본인 병원 직원들의 신사참배강요, 일본인 원장 동상 숭배강요 등으로 갖

은 핍박과 고난의 세월을 보내야만 했다. 그러나 성도들은 그 고난 속에서도 믿음을 지키며 눈물로 기도하며 부르짖다가 해방을 맞이하였다. 1945년 8월 22일 해방과 함께 맞이한 것이 8. 22 참사 사건이다. 자치권을 요구하다 많은 사람이 희생되었고 그 중에 중앙교회 이경도, 정환수, 김원식, 이차하 집사 등이 희생되었다. 그러나 남은 자들이 교회를 끝까지 신앙으로 지켰다. 1946년 6월 10일에 김차동을 첫 번째 장로로 세워 교회는 점차 안정되어 갔으나 한국전쟁을 겪으면서 김정복 목사가 50년 9월 30일에 공산당에 의해 순교당하는 아픔을 겪기도 했다. 하늘나라에 소망을 두고 살아가는 이들의 모습은 순례자들을 부끄럽게 하고 있다.

찾아가는 길

호남고속도로를 이용하여 주암 나들목으로 나가 벌교를 지나 고흥으로 가면 된다. 고흥까지 가서 녹동터미널로 가서 소록도로 들어가는 배편을 이용하면 된다. 이제는 다리가 건설되었기 때문에 쉽게 소록도를 갈 수 있게 된다.

생각하기

1. 나환자들이 당했던 아픔을 생각해보자.

2. 소록도 신앙은 어떻게 받아들여야 하는지 생각해보자.

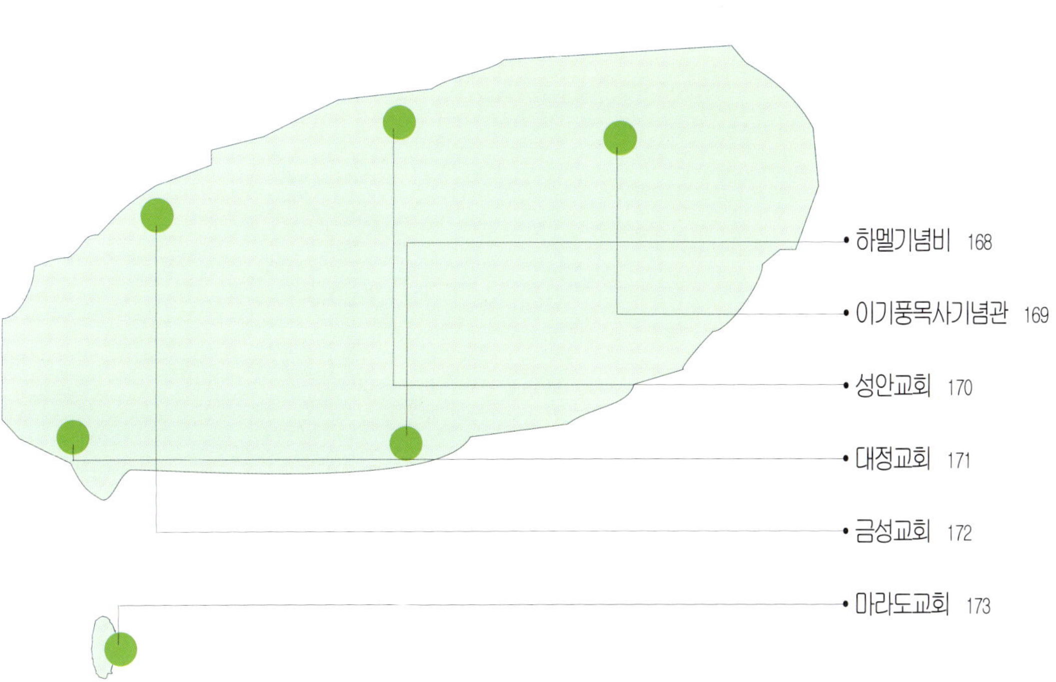

하멜기념비
이기풍목사기념관
성안교회
대정교회
금성교회
마라도교회

제주도 서귀포시 안덕면 사계리, 064-760-3544 \ **하멜기념비** 제주도

우리나라를 서방 세계에 최초로 알린 유럽인들은 1653년 8월 16일 제주 부근 해역에서 태풍으로 난파 당하여 제주로 표류한 네델란드 동인도 회사의 선원들이었다. 핸드릭 하멜을 포함한 64명의 선원을 태운 상선 스패로우 호크는 대만에서 일본 나카사키를 향해 항해 도중, 대만 해협에서 치명적인 태풍을 만나 그 당시 대정현이었던 모슬포 부근에 상륙한 것으로 전해진다. 이 하멜 기념비는 핸드릭 하멜의 공덕과 네델란드와 한국간의 우호증진의 증표로 1980년 4월 1일 한국국제문화협회와 주한 네델란드 대사관에 의해 산방굴사 바로 앞 해변가 언덕에 세워진 것입니다.

이기풍목사 기념관 \ 제주도 북제주군 조천읍 와흘리 산 14-3, 064-782-6969

이기풍 목사는 1868년 평양에서 태어난 유명한 깡패였다. 평양 시내에서 복음을 전하던 마펫 선교사를 턱을 돌로 쳐 부상을 입힐 정도로 유명한 깡패였다. 이런 사람을 하나님께서는 종으로 삼아 한국 장로교 역사상 최초의 7인 목사 중 한 사람으로 삼았다. 1907년 목사 안수를 받은 직후 마펫 선교사에 의해 제주도 선교사로 파송받았다. 복음을 전하던 선교사를 폭행하던 사람이 제주도 선교사가 되었으니 핍박을 받아도 할 말이 없었다. 참으로 하나님의 섭리는 묘하다고 하겠다. 제주 성안교회를 비롯하여 10여개의 교회를 설립했으며 후에는 전라도로 임지를 옮겨 목회하시다 결국에는 고문의 후유증으로 하나님의 부름을 받았다. 이에 제주지역의 교회들이 이기풍 목사의 순교정신을 기리기 위해 이기풍 목사 기념관을 건립한 것이다.

찾아가는 길

제주공항-〉제주시-〉동부산업도로-〉검문소(남조로)-〉기념센터(약 20Km)

생각하기

1. 선교사를 돌로 친 사람을 하나님의 종으로 삼은 하나님의 섭리를 생각해 보자.

제주도 제주시 삼도2동 606-1번지, 064-753-0801 \ **성안교회**

성안교회는 한국 장로교가 배출한 최초의 7인 목사 중 한 분으로 제주도 선교사로 파송 받은 이기풍 목사가 설립한 교회이다. 성안교회는 이기풍 목사가 세 명의 신자들과 함께 향교골에서 기도회로 시작되었다. 이기풍 목사가 제주도에 도착했을 때는 이미 제주도에 신자들이 있었던 것이다. 1909년 일도리 중인문 안에 초가 6칸을 매입하여 교회당을 마련하였다. 1922년에는 영흥 야학교를 시작했고, 1924년에는 제주도 최초의 유치원인 중앙유치원을 개원하기도 했다. 성안교회는 기장측에 속해 있는데 성내교회와 분열의 아픔을 맛보기도 했다. 성안교회 마당에는 이기풍 목사 기념비가 서 있다.

찾아가는 길

제주공항에서 내려 제주시내로 들어가 용담로터리를 지나 서문로에서 시청방향으로 우회전하여 직진하다 보면 서사라 농협도지부 맞은편에 성안교회가 위치하고 있다.

생각하기

1. 우상숭배가 심한 제주도에 도착한 이기풍 목사가 어떻게 복음 전파에 정성을 다했는지 생각해보자.

대정교회 \ 제주도 서귀포시 대정읍 안성리 1639번지, 064-794-2984

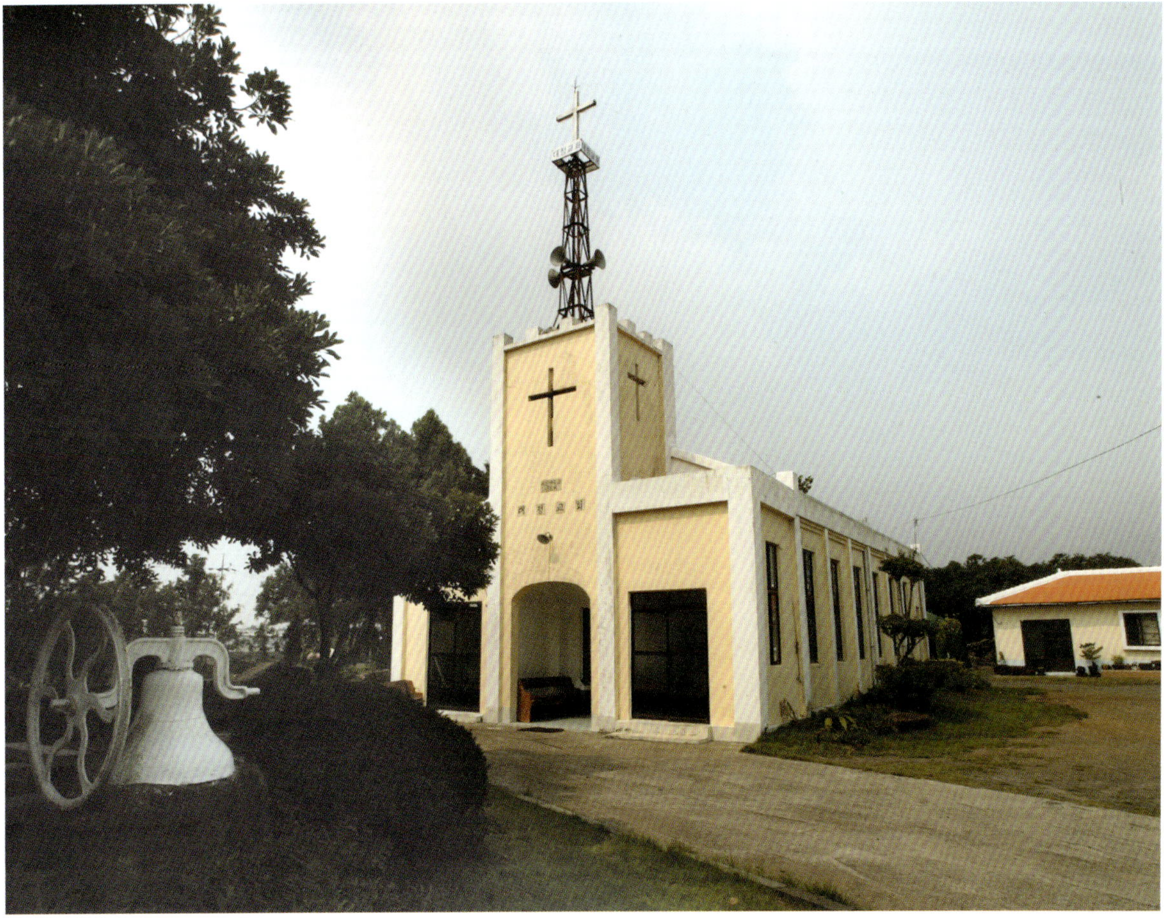

대정교회는 제주 출신 제1호 목사이자 첫 순교자인 이도종 목사가 시무하던 교회로 교회 앞뜰에는 이도종 목사의 순교기념비가 세워져 있다. 이기풍 목사의 전도로 평양신학교에 입학하게 된 이도종 목사는 17세가 되던 해 이기풍 목사를 만나 주님을 영접하게 되었다. 그는 광주교회의 청빙을 받았으나 이를 거절하고 고향으로 돌아와 여러 지역을 순회하며 열심히 전도활동을 했다. 1948년 4. 3사건이 일어나 제주도 섬 전체가 일대 혼란에 빠졌음에도 대정교회를 비롯한 여러 교회를 돌보았다. 1948년 6월 화순교회에 예배를 드리기 위해 자전거를 타고 가던 중 공산당원을 만나 산속으로 끌려갔다. 안타깝게도 그 자리에는 화순교회 집사도 있었다. 그 집사가 공산군이 승리할 수 있게 해달라고 기도부탁을 하자 이를 거절하고 결국 생매장 당해 순교하고 말았다.

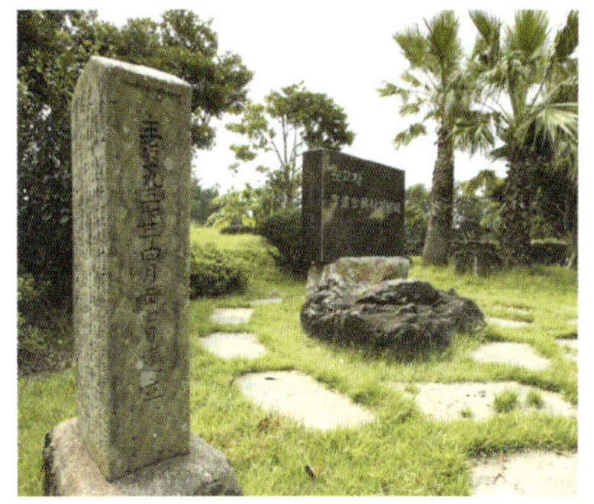

찾아가는 길

제주공항 및 부두→95번 평화로(구서부관광도로)→모슬포→추사적거지→대정교회

생각하기

1. 이도종 목사의 신앙을 생각해보자.

2. 제주도 4. 3사건에 대해 생각해보자.

제주도 제주시 애월읍 금성리 436-3번지, 064-799-0004 \ **금성교회** 제주도

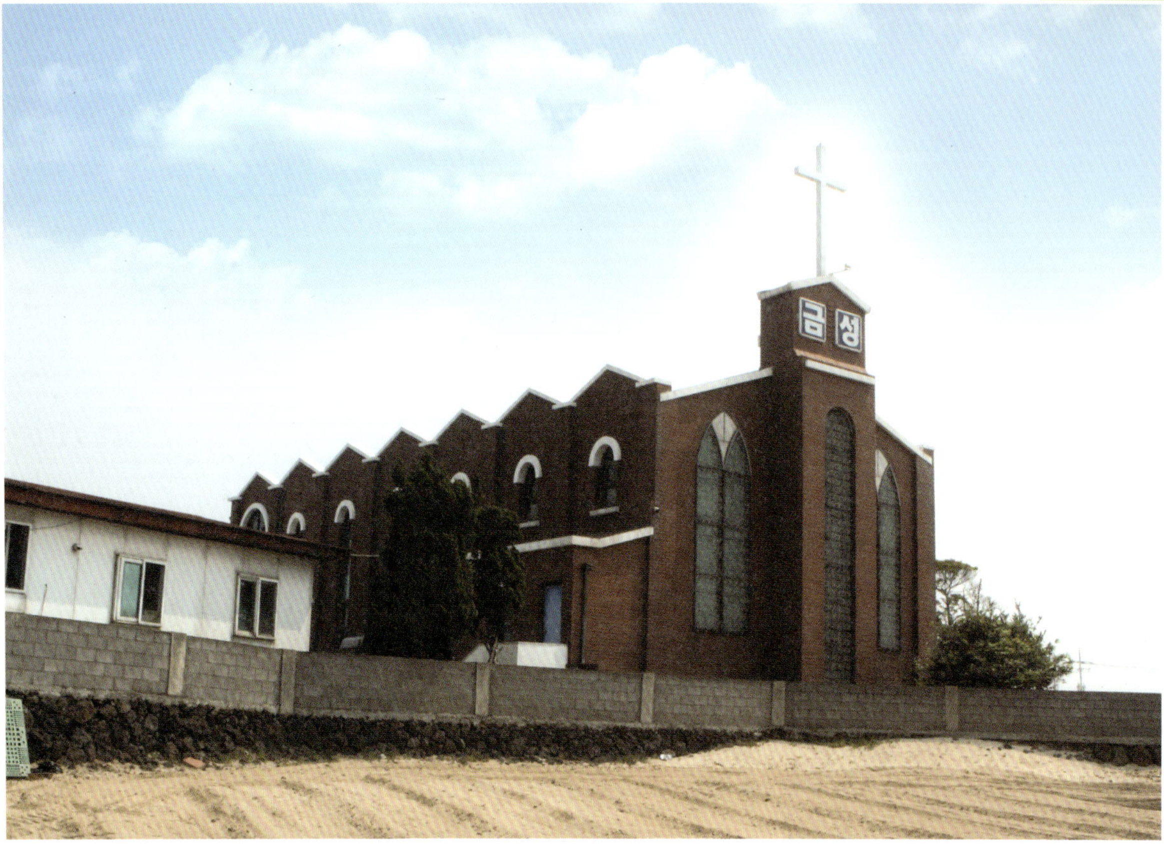

제주도 최초의 교회는 금성교회다. 그럼에도 많은 사람들이 성안교회로 알고 있다. 그것은 성안교회가 이기풍 목사가 설립한 교회이기 때문에 그렇게 생각하는 것이다. 그러나 제주도에는 이기풍 목사가 들어오기 전에 이미 육지로 나갔다가 복음을 영접한 신자들이 있었다. 조봉호, 이도종 조운길, 김진실 등 제주도 토박이 여덟 명이었다. 후에 이들이 이기풍 목사를 만나 설립한 교회가 바로 금성교회다 이들 중 이도종은 제주 출신으로 처음 목사가 되어 대정교회를 섬기다 4. 3 사건 때 순교했다. 지금은 그리 큰 규모의 교회가 아니지만 제주도 첫 자생 교회라는 것만으로도 순례자들이 제주도에 간다면 금성교회를 찾아가야 하는 중요한 이유가 된다. 제주도에 가면 바다만 보지 말고, 유채꽃만 보지 말고 골고다를 향했던 주님의 발자취를 따라 복음의 길을 걸었던 선진들의 음성을 들어야 한다.

찾아가는 길

제주시내에서 애월읍을 향하는 12번 국도를 따라 서쪽으로 달리다 보면 애월읍에 다다르게 된다. 곽금초등학교를 지나면 이내 금성교회가 위치하고 있다.

생각하기

1. 육지에서 주님을 영접했으면서도 고향으로 돌아가 이기풍 목사를 만나기까지 숨죽여가며 신앙을 지켰던 제주도 첫 신앙인들의 모습을 생각해보자.

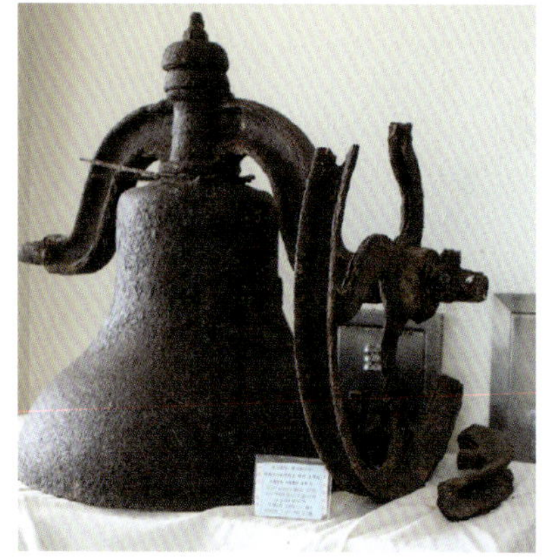

마라도교회 \ 제주도, 064-792-8506

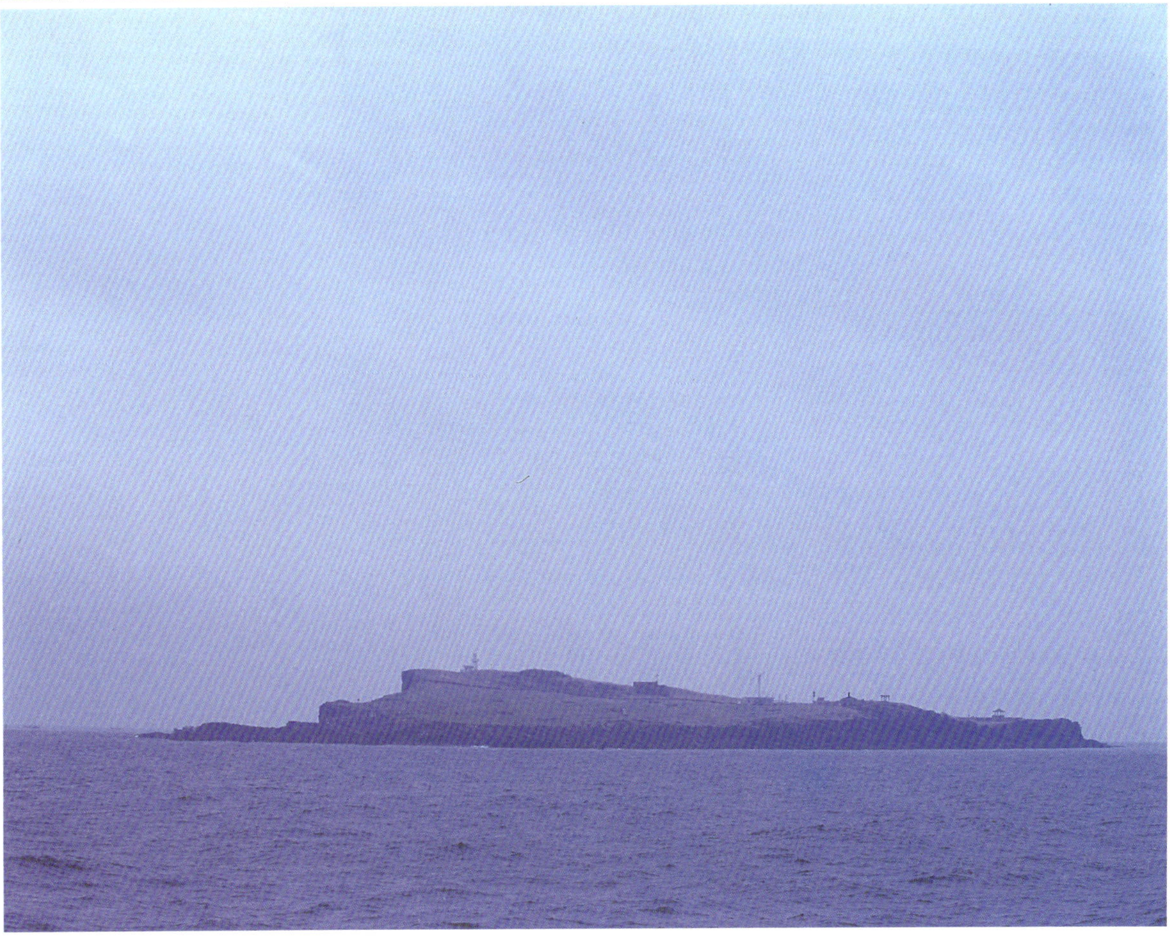

마라도는 대한민국 최남단에 위치한 작은 섬이다. 동서의 폭이 500m, 남북의 길이가 1. 2Km인 작은 섬이다. 주민은 약 30여 가구에 80여명이 살고 있다. 마라도에 복음을 전하고 교회를 세운 사람은 방다락 목사다. 1984년 12월 24일 당시 전도사로 마라도에 와 복음을 전하기 시작했다. 방다락 목사는 "땅 끝까지 이르러 내 증인이 되라."고 하신 주님의 말씀에 순종하여 이곳에 와 복음을 전하며 교회를 지키고 있다. 1985년 태풍 때는 예배당 전체가 날아가는 아픔을 겪기도 했지만 자비로 모래와 시멘트를 사서 예배당을 보수하고 있었는데 여행을 왔다가 이 광경을 지켜본 여인들이 870만원을 모아 보내주어 현재의 예배당을 건축할 수 있었다.

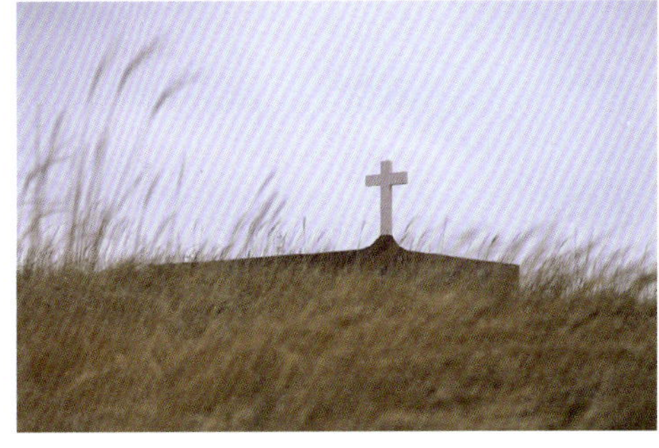

찾아가는 길

제주시에서 대정을 지나 송악산 앞에 위치한 마라도 유람선선착장까지 가면 마라도로 가는 배를 탈 수 있다.

생각하기

1. 나에게 있어서 "땅 끝"은 어디인지 생각해보자.

2. 마라도에 가 복음을 전하고, 그곳을 지키고 있는 방다락 목사의 신앙을 생각해보자.